兒童戲劇教育

肢體 聲音口語

的創意表現

再版序

　　《兒童戲劇教育：肢體與聲音口語的創意表現》自2016年出版至今已過了六年多，期間從學前到高中的教育現場，隨著2017年〈幼兒園教保活動課程大綱〉及2019年「十二年國民基本教育」的實施，都產生了質變。為了使讀者能更迅速掌握美感／藝術領域中的戲劇教育之內涵，特此改版本書內容，以造福廣大教學現場的夥伴們。

　　此外，考量讀者閱讀的習慣，本次再版新增第二章「肢體與聲音口語之活動設計與教學」，集中呈現第一版第二章至第五章活動前的說明，幫助讀者對本書四大類戲劇活動（暖身、肢體動作、感官知覺與想像、聲音與口語表達），有一個概要的認識；另外，將第一版的第六章「戲劇課室管理技巧」改置於第二章的第五節和第六節，使讀者在開始帶領戲劇活動時，能掌握教學前的準備及活動進行中的教室管理。

　　第二版整體架構中，第一章仍是了解戲劇教育的基本概念，第二章則是本書教案的使用介紹，第三章至第六章為原第一版的第二章至第五章的戲劇活動，僅修訂及校對部分活動內容。但在活動順序的編排上做了較大的調整。過去第一版的每一章節教案，均是按照初級、中級、高級的順序排列，第二版則改以活動目標為主軸，如：第三章暖身活動中的「熟悉空間與彼此」、「集中注意力」、「熱身活動」，合併每一個序列中不同難易度的活動，快速讓讀者看到相同目標的同類活動中，不同層次的設計。

　　期待這次改版能讓更多對戲劇教育有興趣的夥伴，快速上手，並實踐在自己教學的場域，活化自身教學，也開啟學生學習的另一番面貌。

林玫君

國立臺南大學藝術學院院長
戲劇創作與應用學系教授

1

序 言

　　記得當我在美國讀書時，每遇到臺灣學生的聚會，就會有人問起主修學門，當我介紹自己專攻的是「兒童戲劇教育」，就會有人好奇的問我：「你以後是要教兒童表演戲劇嗎？還是要寫兒童劇本？」當時，自己也不知道以後要做什麼，如何運用它，只知道它將是要讓兒童以自己的肢體口語來「創造」想法、「表現」自我的歷程；而非傳統以「表演」為主的戲劇演出節目。只是我學得太早，即使當時在美國一般教育中，都還在實驗階段，更何況是二十年前的臺灣教育體系。

　　轉眼完成了學業，我於九二年初回臺灣，順利進入師院幼教系任教，也開始引入創造性戲劇相關的課程，並在隔年完成**創造性兒童戲劇入門**一書的翻譯。由於其教育理念和**幼兒自發性的扮演遊戲**有許多共通之處，都重視學習者的「正面情意」、「內在動機」、「內在現實」以及「身體口語的即興表現」，因此這本書出版後，受到臺灣、港澳地區幼教師們的歡迎，也成為他們在學校實驗另類教育方法的第一本入門書。我也持續到幼兒園進行本土研究，和老師一起進行教學的行動實踐與反思─**創造性戲劇理論與實務**就在二○○三年完成。

　　正當此時，中小學的課程也開始有了轉變，隨著九年一貫新課綱進行改革，戲劇和舞蹈綜合成**表演藝術**，和原有的音樂、視覺藝術並列，成為「藝術與人文」領域之一環。為了因應表演藝術課程的師培與研究需求，我應邀成立**戲劇研究所**和**戲劇創作與應用學系**，就此開展相關的教學與研究工作，以歐美戲劇課程三大主軸「**基本潛能之開發**」、「**創作能力之應用**」及「**賞析與社會生活連結**」，對應臺灣中小學表演藝術的能力指標，進行實徵研究，發展系統性的戲劇課程與評量內容。然而，課程只有大的架構與教學目標，缺乏相應的戲劇活動，這也促使我想要寫一本兼具課程目標和戲劇活動，能實際提供教師方便使用的教學手冊。

序 言

正好我也參與了幼托課綱中「**美感領域**」的研究工作，在經歷了漫長的八年準備，幼兒園教保活動課程大綱，終於在二〇一二年正式公佈。課綱中「**美感領域**」的教育目標或學習面向，和中小學「藝術與人文」一樣，希望以統整課程的精神，透過「視覺藝術」、「音樂律動」或「戲劇扮演」等各種媒介，培養幼兒**探索與覺察、表現與創作**及**回應與賞析**的美感素養。音樂律動和美勞工作視覺藝術早已是幼兒園教材教法的一環，但是戲劇扮演，這個看來像幼兒遊戲的活動，對多數的教師而言，還算是一種新興的學習。教師們在參與戲劇工作坊時，常為這個教學法著迷；但回到教室後，卻為實際的教學及學生的問題傷透腦筋。這又引發我再度思考，除了研究理論的書籍，我更需要寫一本具體的戲劇操作手冊，以確保教師們對戲劇教學的信心。然而，這個願望一直延宕，直到下了行政職務後，才有時間如願進行。

終於，能有機會將累積多年的教學經驗及在現場研究中的實例加以整理，讓這本書與大家見面。我企圖以套書的方式規劃，希望從三個面向出發，在第一冊為基礎課程，透過「肢體動作、感官想像及聲音口語」等多元的活動，開發學生自身的基本潛能。而在第二冊中，將從「戲劇創作」出發，透過故事來發展不同型態的課程。最後，第三冊再從「賞析與理解」的角度來發展課程。在本冊中，就以開發學生**基本探索與表現**的潛能為課程目標，由簡而繁，透過初、中、高不同難易的「暖身」、「肢體探索」、「感官想像」及「聲音口語」等活動，引導教師認識戲劇課程的系統與教學的規劃原理。

雖然，標名為初、中、高級的課程，但教師不需要侷限於年齡，以為幼兒園或低年級的學生就只能上低階課程，而高年級或中學生反而可以從高階的課程進行。其實，在選取活動時，真正需要考量的——是學生在肢

序 言

體表達、空間與分組的活動經驗。另外，爲了讓教師們直接學習教室中的管理技巧，我特別以表格的形式，在每個教案前直接提供個別戲劇活動的難易程度、分組與空間的標誌，並在每個步驟後加上可能的引導語及需要留意的事項。最後，還加上活動的延伸與相關連結的部分，希望教師能靈活運用書中的活動，甚至能發展自己的活動。

近年「翻轉教室」這類的教育方式，受到各界的重視，它主要希望能夠找回學生的學習動機與潛能。我認爲「戲劇教育」正好和這樣的教育理念相同，都是企圖從學生的「內在動機」出發，以「感官覺察」生活中的事物，透過「即興的口語或肢體」表達其對周遭生活與環境的感受與想法，以培養學生的「自我概念」、「創意想像」、「溝通表達」、「社會互動」及「問題解決」等各種能力，而這些都是**學生們在面對二十一世紀多元變化的社會中**，**最需要具備的基礎能力**。本書的出版，就是希望能提供現場教師在教室中，活化自我的教學並啓動學生的學習。

本書的完成最想要感謝的就是我的家人，在他們長期的支持下，讓我在行政、教學與研究之餘，還能利用時間完成此書。同時，也要謝謝歷年參與我課程與研究的學生、教師同儕們，因爲有了實際戲劇教學的回饋來源，才能讓這些活動愈修愈好。最後，還有我先前的研究生兼助理—純華，一直在一旁協助我進行整理的工作，才能將本書順利的完成。

林玫君

國立臺南大學藝術學院院長
戲劇創作與應用學系教授

目　錄

目　錄

教案活動細目

教案活動細目

感官知覺與想像

聲音與口語表達

第 1 章
戲劇教育之基礎概念

　　「戲劇」常以多元的面貌在我們生活與教育的領域中出現。從最原始的兒童扮家家酒類的「戲劇遊戲」，到教師引導的戲劇教育創作性活動，甚至專業演出的「兒童劇場」或學校展現成果的「戲劇表演」，都屬於兒童戲劇的範圍。然而，兒童的扮演遊戲，常常一閃即逝，而教師引導的戲劇活動也以過程為主，反而「兒童劇場」或「成果表演」這類的戲劇表演，通常有完整的演出，加上舞臺、道具、音效及燈光的烘托，就讓人印象深刻。這也讓一般大眾形成一種刻板印象，以為「演戲」是一項龐大的工程，要專業人士才能進行，而一般學校的教師就不敢輕易嘗試。

　　事實上，一般以「成果展現」或「比賽演出」的活動，不一定適合兒童學習及課程發展的需要，而「戲劇教育」（有人稱為「創造性戲劇」、「過程戲劇」、「教育戲劇DIE」或「戲劇習式」等）這類在歐美流行近百年的戲劇教育學，就比較符合兒童發展與教育理念。它是一種「非正式」、重視「經驗歷程」的即興互動戲劇活動，源自進步主義及杜威的經驗論，加上戲劇/劇場的活動手法，經過各國專家的發展研究，如今成為一股新的教育思潮，更是想要推動美感、創意及活化課程的教育典範。

第一節　從定義範圍看兒童戲劇教育

壹、兒童戲劇教育之定義

「戲劇教育」（Drama Education）在歐美已被廣泛地應用於表演藝術及一般課程與教學中，由於其帶領方式與應用的範圍相當多元，各國教育學者對這類的活動也有不同的稱呼。在美國，早期有些人稱它為「創造性表演」（Creative Play Acting）或「戲劇教育術」（Creative Dramatics），1980年代後，新的名稱「創造（作）性戲劇」（Creative Drama）成為較普遍的用詞。在英國，有人稱為「教育（習）戲劇」（Drama-in-Education, DIE）；當它以劇場的型態出現時，就被稱為「教習劇場」（Theatre-in-Education, TIE），而當下常用戲劇慣用手法或習式稱呼（Drama Convention），目前而言，「教育戲劇」（Educational Drama）、「過程戲劇」（Process Drama）是常用的名詞。其實，無論「戲劇教育」如何被稱呼，其本質與內涵必須有清楚的界定，如此才能發揮它預期的教育功能。從學理上分析，「戲劇教育」的基本定義是：

> 一種即席、非表演且以過程為主的戲劇形式。其中由一位「領導者」帶領一群團體，運用「假裝」的遊戲本能，共同去想像、體驗且反省人類的生活經驗（Davis & Behm，1978）。

戲劇教育是透過戲劇的互動方式，由領導者引導參與者去探索、發展、表達及溝通彼此的想法、概念和感覺。在戲劇活動中，參與者即席地發展「行動」與「對話」，其中內容符合當下探索的議題。過程中，參與者的媒介是戲劇元素或劇場的表現形式，透過這些象徵性的符號，參與者的經驗被賦予了表達的形式與意義。

戲劇教育的目的在促進人格的成長及參與者的學習，而非訓練舞臺的演員。它可以用來介紹戲劇藝術的內涵，也可以用來促進其它學科領域的學習。戲劇教育對參與者的潛在貢獻為發展語言溝通的能力、問題解決能力和創造力。此外，它能提升正面的自我概念、社會認知能力和同理心，澄清價值與態度，並增進參與者對戲劇藝術的了解。

總而言之，戲劇教育是一種即興自發的教室活動。其發展的重點在參與者經驗重建的過程和其動作及口語「自發性」的表達。在自然開放的教室氣氛下，由一位領導者運用發問的技巧、講故事或道具來引起動機，並透過肢體律動、即席默劇、五官感受、情境對話等各種戲劇活動，來鼓勵參與者運用「假裝」的遊戲本能，去表達自己的身體與聲音。在團體的互動中，每位參與者必須去面對、探索且解決故事人物或自己所面臨的問題與情境，由此體驗生活，了解人我之關係，建立自信，進而成為一個自由的創造者、問題的解決者、經驗的統合者與社會的參與者。

　　「戲劇教育」是基於兒童扮演遊戲的理論，它是兒童天生的本能，更是兒童發展學習的重要媒介。正如戴維斯和班姆（Davis & Behm, 1978）所言，「人類透過自發性的扮演方式，來表達自己對外在世界的理解與感覺，在過程中，他必須運用邏輯推理與直覺想像的思考來內化個人的知識，以產生美感的喜樂」。在日常生活中，我們可以常常看見兒童熱衷地投入辦家家酒類的遊戲，只要在一個「假裝」的祈使句下，他們就會呼朋引伴，相約進入某段虛構的情境；他們會發揮想像，轉換角色道具、場景與時間，興致勃勃地玩起這種戲劇遊戲。因此，在許多兒童教育的理論與研究中，「戲劇扮演」常被公認為最符合兒童的發展，又能夠幫助學習的活動。身為教師，若能善用這種符合兒童發展的學習模式，則更能提升他們的學習興趣與表現。

　　「戲劇」本來就是一種綜合又統整的表現形式，它包含文本發展、口語溝通、肢體表達、社會互動、角色同理、視覺與聽覺表現及美感欣賞等，而「戲劇教育」更是融合戲劇扮演和教育原理的一種教學方法。在戲劇活動中，兒童常有機會「發揮想像」、「運用感官」去覺察，並嘗試以「身體動作與口語」表達自己的感受與想法；在面臨許多戲劇的兩難困境時，他們需要進行「獨立思考」及「問題解決」的挑戰，透過這個歷程，能夠認識自我、建立自信並學著處理自己的情緒與不同的人際關係。從統整課程的精神出發，它是培養兒童成為一個全人的最佳方法。從活化教學的角度來看，它是最容易連結各種不同的課程，成為翻轉學習的最佳媒介。若從多元智慧的觀點分析，它更是為各類智慧傾向的兒童提供一個學習與自我表現的平臺。之後，本書會以多元智慧的觀點來分析戲劇教育對兒童發展與學習的影響。

貳、兒童戲劇教育之範圍

大致而言，與兒童戲劇有關的戲劇活動，可分為下列三大類：一為「兒童自發性戲劇遊戲」，二為以「戲劇」形式為主的即興創作，最後是以「劇場」形式為主的表演活動（林玫君，2005）(注一)。

一、兒童自發性戲劇遊戲（Dramatic Play）

只要常與兒童接觸，就會發覺這種戲劇遊戲（扮家家酒）是兒童日常生活的一部分，透過這種「假裝」的扮演過程，兒童把自己的經驗世界重新建構在虛構的遊戲世界裡。這類遊戲的「內容」，包含自己生活的經驗（如當媽媽、當教師、買東西、開店等）或一些想像世界中的人物（如超人、怪物、仙女、皮卡丘等），發生的「地點」可以在任何的地方，從房間到客廳、從家中到學校、從室內到室外，無處不宜。在遊戲中，他們能隨興所至、自動自發、自由選擇、不受外界的約束，只憑玩者彼此間的默契。其中觀眾無他，除了自己就是參與的玩伴。此種戲劇扮演是兒童與生俱來的本能，當中的「組成人員」就是每位參與遊戲的人；而「創作來源」則是兒童現實生活中的經驗或幻想世界的故事；「時間」與「地點」不拘；使用的「材料」也隨著地點的轉換而改變。本質上，重視兒童自發內控的動機、內在建構的過程、熱烈的參與以及玩後所帶來的正面情意作用。

二、以「戲劇」形式為主的即興創作

這類活動多以「戲劇」形式出現，但「本質上」強調即興創作的過程，「目的」則以參與者的成長與學習為主。其「組成人員」是不同年齡階層的學生團體，「參與者」同時為表演者、製作者及觀眾。「發生的地點」多在教室中，「時間」以上課時間為主，使用的「材料」為教室裡隨手可得的實物或簡單的道具。由於實施方法的不同，暫以幾個歐美戲劇專家常用的名詞為代表進行介紹：

（一）創造性戲劇（Creative Drama）

如前述之定義，創造性戲劇是一種「即興、非表演性質且以過程為主的戲劇活動。其中，由一位領導者帶領參與者運用「假裝」的遊戲本能，去想像、反省及體驗人類的生活經驗」（Davis & Behm，1978）。在自然開放的教室氣

氣下，透過肢體律動、五官認知、即席默劇及對話等戲劇形式，讓參與者運用自己的身體與聲音去傳達或解決故事人物或自己所面臨的問題與情境，進而建立自信、發揮創意、綜合思考且融入團體，成為一個自由的創造者、問題的解決者、經驗的統合者及社會的參與者。

此種戲劇活動乃是兒童自發性的戲劇扮演遊戲（Dramatic Play）之延伸。「組成人員」包含一位引導者及一群團體，「內容」則是即興的故事或意象，「地點」可以在教室或任何地方進行，而「觀眾」同時也是參與者。此外，在「本質」上，它也強調參與者「自發性」的即興創作及重「過程」不重結果的特色。

（二）教育戲劇（Drama-in-Education）

此名稱仍創造性戲劇之英國版本，英文中又簡稱為D-I-E。這是一種重過程且以即興創作為主的戲劇活動。其組成的「人員」、「場地」及「時間」的應用與創造性戲劇相似，但其教學的目標、戲劇發展的觀點、主題的選擇及帶領的方式卻不盡相同。這類戲劇之專家（Bolton，1979；Heathcote & Bolton，1995；O'Neill & Lambert，1982；Wagner，1976）認為戲劇應該不只在發展「故事或戲劇」本身，而是在參與者對相關議題的深度了解。透過戲劇的媒介，參與者和領導者都以「劇中人物」或「一般討論者」的身分，在戲劇的情境內外出現。透過一連串的討論與扮演，參與者必須橫跨「過去」、「現在」和「未來」的時空，在戲劇的「當下」做即興的參與並解決問題。通常，歷史或社會人物及事件是這類活動的題材來源。由於教育戲劇中的領導者常需利用角色扮演及問題討論之方式引導活動進行，因此，領導者通常必須具備充分的戲劇訓練之背景才有辦法掌握得宜。雖然在焦點、內容或方法上有所不同，戲劇教育的「本質」仍與創造性戲劇相似，強調自發即興參與的過程，而非事先演練的結果。

（三）發展性戲劇（Developmental Drama）

這類名詞來自加拿大，由理查·柯特尼發展運用。根據柯特尼的定義（Courtney，1982，引自McCaslin，1990），發展性戲劇是研究人類互動的發展模式。戲劇是聯繫個人內在心理與外在環境之主動的橋樑。因此，發展性戲劇的研究就包含個人與文化及其雙方面互動的部分。這些研究也觸及其他的相關領域，如個人層面的心理學與哲學的研究及社會層面上的社會學與人類學的研究。發展性戲劇本身的焦點在戲劇的行動（Dramatic Act），而其實務的發展仍需以上述之理論研究為基礎。

由上述定義可知，發展性戲劇特別重視戲劇與其它研究領域的結合，不過在一般實務應用上，它的發展未如前兩者戲劇活動那麼普遍。其組成人員、創作來源、時間、地點、實物的組織方式與美式的創造性戲劇或英式的教育戲劇類似，而在本質上，它仍強調戲劇創作的過程及對「人」與「社會」相關內容的發展。

（四）過程戲劇（Process Drama）

「過程戲劇」一詞源自1980年代末，有些澳洲及北美的戲劇教育工作者，想要以它來區辨一般劇場中常用的即興創作技巧。它通常是從一個前文本（Pretext）出發，吸引參與者進入某些戲劇情境，接著運用劇場的創作元素進行一系列具目的性的即興創作。在過程中帶領者就如同一位劇作家，透過層層複雜的組織編排，不斷地營造戲劇張力，引領參與者建構不同的戲劇脈絡，深入戲劇的焦點，對主題產生更深刻的個人意義與理解。

西西妮・歐尼爾（Cecily O'Neil）在1995年所出版的 *Drama Worlds: A Framework for Process Drama* 中提到，過程戲劇的發展來自英國戲劇教育家蓋文・伯頓（Gavin Bolton）和桃樂絲・希斯考特（Dorothy Heathcote），它與教育戲劇（D-I-E）類似，屬於一種較複雜且深入的戲劇教育發展模式。參與者於其中即興扮演一系列的角色，以不同的觀點探索事件本身，提高參與者的意識，並對相關主題產生新的體會與理解，只是「過程戲劇」企圖回歸戲劇/劇場的本質，鼓勵更多劇場與戲劇手法的編排與運用。

（五）戲劇習式（Drama Convention）

強納森・尼蘭德斯（Jonothan Needlands）和東尼・古德（Tony Goode）在《建構戲劇：戲劇教學策略70式》（*Structuring Drama Work: A Handbook of Available Forms in Theatre and Drama*，2000）中提出了戲劇「習式」（Drama Convention）這個名詞。他們認為在戲劇教育中所使用的策略與傳統劇場中所慣用的手法相似，都是想要以「劇場藝術的象徵手法」創造戲劇中不同想像的時間、空間和存在特質，來回應人類的基本需要及詮釋人類的行為。其依據各種戲劇習式不同的特性，經過刻意的組織編排，將戲劇習式分為「建立情境活動」、「敘事性活動」、「詩化活動」及「反思活動」等四大類，並在書中，以實例說明個別習式之使用方式。

三、以「劇場」形式為主的表演活動

戲劇呈現方式多以「劇場」為主要媒介，藉以達到娛樂、教育宣傳或藝術欣賞之目的。其「組成人員」多為專業工作人員，由導演統籌計畫分工；「觀眾」則來自其他單位。「題材」主要來自劇作家或集體表演者的生活體驗，但隨著不同的劇場呈現之方式，有些保留觀眾參與合作的機會，有些劇情甚至會隨觀眾即興參與創作的情況而改變。「空間」多由舞臺、場景、音樂、燈光等特殊效果虛擬而成；演出「時間」通常以60～90分鐘為限。「實物及創作素材」以道具加上服裝及化妝的配合，以烘托劇場之效果。「本質」較著重戲劇呈現的結果。綜合兒童劇場專家之意見，其範圍包含下列：

（一）兒童劇場（Children's Theatre）

廣義而言，任何與兒童有關且以劇場形式呈現的戲劇活動，都可以被稱為兒童劇場。這是最早且最普偏使用的名詞，但因其運用的範圍太過廣泛，以致兒童的年齡層不清，演員及製作群的來源也不明。因此，近年來一般專業劇場及美國戲劇教育協會成員較少使用「兒童劇場」一詞，而以「為年輕觀眾製作的劇場」來替代。

（二）為年輕觀眾製作的劇場（Theatre for Young Audience）

根據戴維斯和班姆（Davis & Behm）在1978年的報告，「為年輕觀眾製作的劇場」是替代傳統「兒童劇場」的新名詞。它特別強調是由專業演員表演給年輕觀眾欣賞的劇場。若從觀眾群的年紀區別，又包含了兩種類型的劇場：為兒童製作的劇場（Theatre for Children）及為青少年製作的劇場（Theatre for Youth）。前者是指專為幼稚園或小學學生設計的劇場表演，年齡層在五歲至十二歲間；後者則是指「為中學生設計的劇場表演」，年齡層為十三歲到十五歲。兩者的組合就是「為年輕觀眾製作的劇場」（Theatre for Young Audience）。

（三）參與劇場（Participation Theatre）

發源自英國，由彼得・史雷（Slade，1954）首創，至布萊恩・魏（Way, 1981）發揚光大。它屬於新興劇場的一種特殊形式。其劇本先經過特別的編寫組織，讓觀眾能在欣賞戲劇的過程中，參與部分的劇情。一般觀眾參與

的程度，可由最簡單的口語回應至較複雜的角色扮演等方式。在每次參與的片段中，演員扮演領導者的角色，引導觀眾去反應或經歷劇情的變化。座位的安排也依觀眾參與的程度而規劃。一般而言，這類的劇場形式在內容上彈性很大，且多半呈現給五歲至八歲的兒童欣賞；而且年紀愈小的觀眾，愈能投入戲劇的互動情境。

（四）教習劇場（Theatre-in-Education）

同樣發源於1960年代的英國，它是「教育戲劇」（D-I-E）的「劇場」版本。與其說它是一種兒童劇場，倒不如說它是一種兒童戲劇活動的方式。只是其「媒介物」除了戲劇本身之外（Jackson, 1960），還包含劇場各種特殊的效果，如燈光、音效、佈景與道具。「教習劇場」的目的希望幫助兒童釐清人我關係，發展建全人格並增進個人理解力。透過「劇場」的刺激與演教員的引導，參與者必須思考與劇情相關的教育議題。透過參與解決問題的過程，參與者試著去同理和了解不同角色的兩難情境。

「教習劇場」是介於「教育戲劇」與「劇場」形式中的一種活動方式，「人員」的組成雖然和劇場雷同，包含專業的演員、工作人員與觀眾，但其功能卻與教育戲劇中的「成員」相仿，演員常以教師或領導者的角色出現，觀眾也常以劇中人物的身分參與戲劇的呈現。「取材的內容」雖經過精心的籌畫與安排，但其運用的目的是為引發更多的參與以影響劇情的發展，非固定的結局。它運用了場景、時間、音樂及道具等「劇場的效果」，希望藉此擴大戲劇的張力與衝突。比起一般在教室中進行的戲劇教育活動，它的震撼力更為強烈和凸顯；因此，也更能引發參與者思想、感情及行動的全部投入。

四、其他兒童戲劇相關名詞

除了上述幾項主要的劇場形式外，還有一些常見或常常聽到與「兒童戲劇」有關的名稱，以下一一介紹：

（一）娛樂性戲劇表演（Recreational Dramatics）

這是學校或幼稚園為呈現教學成果，以「兒童」為主要演員，而由成人編劇或導演製作的戲劇表演活動。由於是正式的劇場演出，多強調劇中人物與劇情張力的發展，著重藝術整體的合作與結果的呈現，因此，無論對兒童演員或

成人製作群而言，都是相當大的挑戰與負荷。尤其對年紀較小的兒童而言，要求他們照成人設計好的臺詞與臺步，粉墨登場地演出，從教育與發展的觀點來看，意義不大。但教師若能適切地由平時教室自發性的戲劇活動中找尋兒童自我創作的題材，經過數次的發展活動，在兒童主動的要求下，演給其他班級或全校師生欣賞，且以分享兒童內在的想像世界為主，這便較符合兒童發展的原則。

（二）由兒童演出的劇場（Theatre by Children and Youth）

此乃美國戲劇協會之定義，強調由兒童演出給其他兒童或成人觀賞的劇場，且藉此用來區辨其與「為」兒童演出的劇場（Theatre for Children and Youth）的不同。因此，無論是何種劇場，只要其多數演員為兒童，就屬此類。例如前述的娛樂性戲劇表演就是「由」兒童演出的劇場。若主要演員為成人或觀眾對象為兒童，就是「為」兒童演出的劇場。

（三）故事劇場（Story Theatre）

這是一種利用口述方式的文學而呈現的劇場形式。通常演員透過直接講述故事與戲劇表演的雙向方式來呈現故事的內容。有時依劇情之需要，演員也會變成動物、道具或場景的一部分來呈現劇情。早期劇團多利用現成的劇本，近年來，很多的劇團開始以即興的方式來創作劇情。不過，無論劇情的來源為何，以「口述」來呈現劇情的表達方式是其最大的特色。

（四）讀者劇場（Readers Theatre）

與故事劇場相似的一點，讀者劇場也重視運用不同的口語詮釋來呈現戲劇內容，只是通常演員的手中都握有已寫好的劇本。雖然演員在口述時會有部分戲劇化的表現，但很少有所謂戲劇的互動表演。演出的場景可由最簡單的一張椅子至複雜的戲幕背景，全由導演所想要達到的效果而定。

表1-1呈現了三種戲劇形式的特色及相關內容。

表1-1　三類戲劇形式的特色一覽表

戲劇分類	自發性戲劇遊戲	以「戲劇」形式為主的即興創作	以「劇場」形式為主的表演活動		
相關名稱	·象徵性遊戲 ·想像遊戲 ·假裝遊戲 ·社會戲劇遊戲	·創造性戲劇 ·教育戲劇 ·發展性戲劇 ·過程戲劇 ·戲劇習式	·教習劇場	·參與劇場	兒童劇場 ·（由）為兒童演出的劇場 ·故事劇場 ·讀者劇場
組成人員／演出製作	兒童玩伴，隨興組織，同時為演出者及製作者	團體同儕及受過戲劇訓練之帶領者或教師，同時為演出者及製作者	演教員和專業製作人員組織劇情並引導觀眾參與	導演、專業人員分工製作；演員負責演出	導演統籌計畫、專業人員分工製作；演員負責演出
觀眾角色	沒有特定的觀眾，在演出、製作及觀眾角色間輪替互換	沒有特定的觀眾，在演出、製作及觀眾角色間輪替互換	觀眾隨時成為演出者及批評者	有時觀眾會參與部分演出活動	觀眾被動欣賞
劇情	即興創作	即興創作	事先安排主題結構，其他由觀眾與演教員即興創作	事先安排的劇情，但保留觀眾參與合作的機會	已寫好的劇本
創作來源	題材來自生活或幻想世界	題材來自故事、生活議題或想像	題材多為生活及教育議題	題材以幻想及娛樂為主	題材來自劇作家或集體表演者的生活體驗
地點	任何地方	以教室空間為主	劇場空間配合教室空間；劇場空間由舞臺與場景虛擬而成	劇場空間由舞臺與場景虛擬而成	劇場空間由舞臺與場景及音樂燈光等特殊效果虛擬而成
時間	任何時間，短至3分鐘長至半小時	以上課時間為主，通常以30-50分鐘為限	演出時間配合上課時間，通常以60-90分鐘為限	演出時間通常以60-90分鐘為限	演出時間通常以60-90分鐘為限
實物	日常生活中隨手可得的用具或簡單象徵性材料	教室中桌椅及隨手可得的用具或簡單象微性材料	道具加上音效、燈光和服裝、化妝的配合	道具加上音效、燈光和服裝、化妝的配合	道具加上音效、燈光和服裝、化妝的配合
本質	重過程、內在現實、即興反應、自由選擇、主動熱情參與	重過程、內在現實、即興反應、自由選擇、主動熱情參與	重過程、內在現實、即興反應、自由選擇、主動熱情參與	重視互動的效果；有限的選擇和參與	重視呈現的結果；以接受性的欣賞為主

第二節　從多元智能看兒童戲劇教育

近年來Gardner（1983）所提出的「多元智能」觀點受到各界肯定，認為傳統以「智商」為唯一標準來評量兒童智能的想法應該突破。建議從「多元面向」，如肢體動覺、空間、音樂、人際、內省、語文、邏輯數學、自然觀察等，來看待個人智能。「戲劇」本身就是一種綜合性藝術，可讓兒童有機會探索並運用多元智能的機會，到底戲劇與多元智能的關係如何，我們一起來探究。

壹、肢體動覺智能

戲劇的基本活動就是肢體與聲音的表達與創作。兒童必須學習如何使用及控制自己的身體，在自己與他人的空間中取得平衡，以便能靈活自如地表達心中的想法與感覺，此乃肢體動覺智慧的展現。從模擬各類動植物及人物的聲音動作，到參與感官知覺默劇遊戲及故事戲劇，兒童實際體驗自己身體如何組合動作、如何在空間中移動及如何與他人維持身體動作的關係。透過反復的練習創作，兒童逐漸累積自己身體與動作經驗的連結與表現。

貳、空間、音樂智能

一、感官覺察

戲劇活動中的另一項基本要素就是培養五官覺察與感受的能力。在學前階段，「五官覺察與感受」本來就是兒童接觸與學習外在環境的最佳媒介。在戲劇活動中，教師透過具體的引導，如嗅覺（擦上防曬油）、味覺（品嚐食物）、視覺（配飾或衣物）、聽覺（環境或特殊的聲音）、觸覺（睡在毛毯上）五官覺察等方面，讓兒童發揮想像，進行戲劇創作。透過不斷地轉化與練習，兒童的觀察力與五官感受能力提升，他們逐漸也能直接利用想像及肢體動作來表達實際並不存在的五官體驗。

在所有的感官覺察中，「視覺創作」或「聽覺的音樂即興」是最普遍性的活動。尤其戲劇/劇場是一門綜合藝術，透過肢體、口語及音樂、視覺等各方

藝術家的合作，才能達到藝術美感的呈現。在教室中的戲劇活動也是一樣，經由師生即興創作，兒童能利用簡單的方式，試驗不同藝術元素的組合，並了解與感受自己創造的樂趣。透過想像，配合簡單的音樂與藝術媒材，教室中的桌椅變成石洞，天花板變成天空，門窗變成樹木藤蔓，自己變成了怪獸，而小小的教室在一眨眼間變成了野獸島，許多現實世界的人、地、事、物竟能透過戲劇的效果，神奇地變為劇中角色、場景、道具及劇情。如此深刻的綜合藝術之美感體驗，實為兒童開啟早期應用與欣賞音樂、視覺與戲劇藝術之門。同時，它也能培養兒童對生活美的賞析力，比起一般單向式傳達的電視節目，這種從戲劇活動中得到的真實體驗，是豐富而雋永的。

二、創造想像

想像與創造是戲劇活動的基本能力，要兒童想像的首要條件就是必須跳開此時此地的限制，進入時光隧道，把自己投射到另一個時間、空間與人物的生活中。當兒童的想像能力發揮時，即使面對不存在的事物，他們也能運用心中的意象及動作，假裝真的看到、聽到、吃到、聞到、摸到及感受到周遭的世界。根據皮亞傑的理論，參與者的象徵性戲劇遊戲也反映其表徵思考的運作能力，而其表徵思考能力取決於其是否能夠創造心智意象（Mental Images），也就是把不存在的事物想像或創造出來的能力。

戲劇教育的主要目標就是在發展參與者的想像力與創造力。比起教室中的素材/教具（如美勞材料、積木益智玩具）以材料及造型來發展參與者的創造力，戲劇活動是以個體的身體口語為媒介，並以實際的生活為題材，透過引導，兒童嘗試用自己的「心眼」（Mind's Eye）去回喚及觀照過去的生活經驗，計畫並用行動呈現出想像中的時空、人物事件及道具。同時，他們也在實際的情境中，利用個別變通的想法，解決問題。這類屬社會性及生活性的創造力，唯有在戲劇活動中，才能逐漸培養發展。

參、內省智能

一、自我概念

教育最大的目標就是幫助個人發現及發展自己特殊的潛能。著名的戲劇教育學者喜克絲女士（Siks，1983）曾提及：「戲劇教育重在參與者即興自發的創意，它能不斷地引領每個人去發掘自己內部深藏的寶藏，且促使自己不斷地

成長，以實現自我。」在戲劇中，自發性的表達與分享是相當重要的一部分。當兒童發現自己的聲音與身體能創造出多元的變化，自己的想法與感覺也能完整地被接受與認同時，他們對自己的信賴感就會油然而生。當兒童有機會扮演一些吸引自己的角色，如國王、公主、英雄或精靈等人物時，一股自信的豪氣則呼之即出。所謂的主角已不再是少數具有特殊天份兒童的特權。在戲劇教育的世界中，人人可以為王稱后，個個都能以自己的方式扮演心中嚮往的角色。

二、情緒處理

在日常生活中，每個人都會不時地感受自己各類的情緒，而一個成熟的個體必須有處理這些感覺的能力，包括「認識感覺」、「接受並了解其與社會行為的因果關係」、「適切合宜地表達感覺」及「對別人感覺的敏感性（同理心）」，一如戲劇遊戲為兒童提供了一個安全自在的情境。其中，領導者鼓勵並接受兒童分享與表達各類的情緒和感受。透過情緒認知（Emotional Awareness）、情緒回溯（Emotional Recall）、情感默劇（Pantomime for Emotions）及角色扮演（Role-playing）等活動，教師引導兒童去回想、體驗及反省自己與他人的情感世界。在實際的戲劇行動中，兒童將自己的情緒投射於新的情境與人物上，藉此重新認識自己的情緒，接受、了解情緒與社會行為的關係，並學習如何適切合宜地表達情緒。

肆、人際智能

一、社會觀點取代能力

能從他人的角度來看事情的能力，稱為社會觀點取代（Perspective Taking）。它被視為社會技巧發展的先決條件（Hansel，1973）。由於戲劇活動提供許多角色扮演和團體互動的機會，兒童必須時常站在不同的角度看事情。例如：在角色扮演前的討論中，透過「主角是誰？」、「他的問題為何？」、「如果是你，會怎麼行動？為什麼這麼做？」、「如何與其他角色維持劇中的關係？」、「如何解決主角面臨的問題？」等問題，兒童必須在不同的情境中，把自己想像成他人，依據對不同人物所具備的知識與經驗來做判斷。從扮演不同角色的當下，兒童重新體驗別人的生活，面對別人的問題，並試驗失敗或成功的方法。當兒童實際與同儕或角色互動後，他們對別人行為的觀察、解釋與體驗能幫助其進一步了解他人的感覺、情緒、態度、意圖及想法等重要訊息。

二、社會技巧

　　除了社會觀點取代能力外，戲劇教育也幫助兒童其它社會技巧的提升。在戲劇活動之始，兒童需要加入團體、一起計畫、腦力激盪、組織人事並分工合作，漸漸地，個人與同儕的聯繫和歸屬感就因此而建立。在同一個戲劇事件中，兒童會因著個別的經驗與觀點的不同而產生衝突。為了維持活動的進行，兒童必須站在不同的角度來面對問題，並應用分享、輪流、接納及溝通等社會技巧，來面對衝突並找尋解決之道。

三、批判能力：價值建立和判斷

　　今日的多元社會，瞬息萬變，錯綜複雜。拜電腦及科技之賜，我們得以享受網路交通之便。個人與世界的接觸面越來越廣，必須面對的情境與人事也越多越雜，而戲劇正可提供兒童接觸各種人的情境，讓他們超越時空、年紀、國界與文化的限制，去發現人類共通的連結並提早了解自己即將面臨的社會處境。

　　面臨當今的社會，兒童也必須及早學習如何在複雜的選擇中做決定，在多元的價值中做判斷。許多的戲劇情境正能提供兒童用自己的想法與判斷去做決定的機會。在戲劇互動的情境中，兒童能夠馬上檢核自己行動的後果並連結因果的關係。因為是「假設」的情境，在選擇上他們有更多的彈性；在心理上，也有更大的安全感。在多次的戲劇體驗中，兒童經歷了許多的衝突與抉擇。透過反復的行動，兒童學習在不同的境遇中做決定。同時，在不斷的衝突與轉折中，他們也學習體會生活與生命的無常，並練習其中的應變之道。在現實生活中，若碰到類似的遭遇時，就較能接受、了解且安撫自己心中的不安，並能冷靜思考解決之道。

伍、語言智能

一、口語表達

　　戲劇活動的推進，常要倚賴師生與同儕團體間口語的表達與溝通。透過非正式的討論、即興的口語練習以及分享活動，兒童不斷地在實際的情境中使用語言，且配合著語言的情境與人物的感情而表達出來。在扮演各種人物時，兒童必須試驗不同聲調、語氣並融入各種表情手勢，讓別人更清楚地了解劇中人物或自己所想要表達的意思，漸漸地，他就能靈活地運用這些非語言的工具傳

達訊息。由於戲劇活動著重參與者即興性的口語表達，兒童在具體的情境中組織、思考並重組創造語言，這對其口語創作產生很大的鼓勵作用。這種全語言的語用環境，正是發展兒童語文能力的最佳方法。

二、讀寫發展

許多戲劇活動的題材來自歌謠、童詩及故事等文學作品。經由親身參與扮演的過程，兒童對於故事的內容有進一步的了解，而對這些雋永的文學作品也有更深刻的體認。此外，他們必須用自己的語言重新組織、思考、詮釋且表達對不同故事的觀點與內容。教師若在戲劇活動後，鼓勵兒童寫下或畫下自己對故事的感想或創作，其對兒童閱讀及寫作能力的提升有相當大的成效。

陸、邏輯思考、自然觀察智能

一、認知思考：資訊收集、處理和解決的能力

皮亞傑認為（1962）「知識的來源是個體主動建構的過程」，而戲劇正是提供兒童具體建構知識和自我思考的媒介。在戲劇活動中，教師常以入戲的方式提出疑問：「主角是哪些人？」、「他們長得像什麼樣子？」、「後來發生什麼事？」、「如何解決這個人的問題？」、「若換成你，會不會那麼做？」而兒童也要以劇中人物的身分去思索、創造和辨別，運用這些高階的能力進行思考，甚至必須做出決定以解決自身面臨的問題。在不同的故事與情境中，透過實際參與，兒童嘗試著處理並學習統整自己對周遭人、時、地、事、物的觀點，發展更高階的認知思考能力。

二、自然覺察與表達

在戲劇活動中，有許多肢體動作是要經過平日對於周遭人物及自然的覺察而表達出來。兒童本身就是一個自然的探索者與觀察者，透過戲劇的媒介，正可以讓兒童將觀察到的動植物、自然生態及環境中各種有趣的現象，以肢體和聲音口語具體地運作，實際地感受到與自然一起互動的情境。例如：在飼養「毛毛蟲」後，讓兒童在課室中進行相關的戲劇活動，體驗毛毛蟲的爬行、吃樹葉、結蛹以及最後變成蝴蝶飛舞的歷程；或者讓兒童在學校種植「小豆苗」，觀察後，再以肢體表現「小種子長大」。這樣的戲劇扮演歷程，既能引發兒童關注自然生態的興趣，也使其親身體會萬物成長的喜悅。

第三節　從課程內涵看兒童戲劇教育

隨著世界各國在美感和藝術人文素養的開展，除了原來的音樂和視覺藝術教育外，「戲劇教育」及「表演藝術」的相關科目也逐漸受到重視。近年來，臺灣課程改革中，就將之納入在中小學課綱的「藝術與人文領域」和幼兒園課綱的「美感領域」中。然而，這門新課程缺乏完整的課程架構，以致多數教師在執行課程時，不知從何著手。作者嘗試進行研究（林玫君，2006）（注二），比較英美各國及臺灣課程架構內涵，彙整為「新戲劇課程架構」，以下將簡略回顧各國戲劇教育目標並以表格對其課程主軸做綜合比較。

美國學者Siks（1983）認為兒童在戲劇中的課程主軸分別是：「兒童為戲劇參與者」、「兒童為戲劇製作者」和「兒童為戲劇欣賞者」。

戲劇學者McCaslin（1984）和Salisbury（1987）也提出戲劇課程的三個層次：「身體與聲音的表達性運用」、「戲劇創作」、「透過戲劇欣賞來增進審美能力」。

美國《戲劇/劇場之課程模式報告書》（AATY & AATSE，1987）的課程主軸有四項：「個人內外在資源的發展」、「以藝術合作來創作戲劇」、「審美賞析」和「戲劇與社會生活的連結」。

英國學者Hornbrook（1991）也建議學校中的戲劇課程主軸可以包含三個目標：「創作」、「表演」和「回應」。

臺灣九年一貫的中小學課程大綱中「藝術與人文」領域三大主軸能力為：**「探索與表現」**、**「實踐與應用」**及**「審美與理解」**。

臺灣2013年頒布的幼兒園教保活動課程大綱中「美感領域」三大主軸能力：**「探索與覺察」**、**「表現與創作」**、**「回應與賞析」**。

表1-2　國內外戲劇課程主軸架構之比較

戲劇內涵　　學者/研究	戲劇基本能力的開發	戲劇創作能力的應用	戲劇賞析與社會生活連結	
Geraldine Siks	兒童為戲劇參與者	兒童為戲劇製作者	兒童為戲劇欣賞者	
Nellie McCaslin & Barbara Salisbury	身體與聲音的表達運用	戲劇創作	透過戲劇欣賞來增進審美的能力	
《戲劇/劇場之課程模式報告書》	個人內外在資源的發展	以藝術合作來創作戲劇	審美賞析	戲劇與社會生活連結
David Hornbrook	創作	表演	回應	
中小學藝術與人文領域	探索與表現	實踐與應用	審美與理解	
幼兒園美感領域	探索與覺察	表現與創作	回應與賞析	

　　從表1-2各國戲劇教育的比較中發現，三個重要的戲劇主軸內涵可以綜合為：**「戲劇基本能力的開發」**、**「戲劇創作能力的應用」**、**「戲劇賞析與社會生活連結」**。因此，在建構戲劇課程時，就可以這三個內涵作為基本的課程架構（見圖1-1）：

圖1-1、新戲劇課程架構

壹、戲劇內涵（Ⅰ）：戲劇基本能力的開發

戲劇是用來發現內在自我的媒介，透過互動性的戲劇活動，兒童在肢體動作、感官情緒與想像力、聲音及語言（口語）表達的潛在能力上有機會得到完整的開發。以下戲劇內涵（Ⅰ）就是以這些基本潛能的開發組合而成：

戲劇基本能力的開發

肢體動作
初　探索和發展身體動作的各種可能性。
中　運用動作去清楚地表達想法、感受或角色。
高　運用默劇或非語言性的訊息，表達人物或戲劇主題，且將之運用於小組/團體的戲劇互動中。

感官和情緒的知覺
初　探索、回應或回溯感官及情緒的經驗。
中　注重感官和情緒經驗的細節。
高　將感官或情緒的經驗，運用於小組/團體的戲劇互動中。

想像力
初　透過講故事或遊戲的扮演等經驗來表達意象。
中　加強對物品、環境的覺知與想像轉換的能力。
高　運用想像將人物、情境及物品的意象轉化，融入小組/團體戲劇互動中。

聲音
初　探索各種聲音的可能性，並運用聲音作為自我表達的方法。
中　運用聲音表達思想、感覺和角色。
高　運用聲音的變化，清楚地表達想法、感受、人物或情境氣氛。

語言（口語）
初　運用語言進行個人探索和社會互動。
中　運用語言進行扮演，並表達自己的想法和經驗。
高　運用語言訊息在小組/團體的戲劇應答或社會互動中，做清楚有效的溝通。

各內涵不以「年紀」來區分學習階段，而以兒童之「戲劇經驗」作為分級的標準，分別為初、中、高三等級。

貳、戲劇內涵（II）：戲劇創作能力的應用

戲劇內涵（II）開始嘗試讓兒童彼此合作來創作戲劇，一般會選擇適當的文學題材，如故事或歌謠，著手進行較長且有計劃的戲劇活動，包含情節、人物、對話、主題、視覺和音樂的效果。以下為戲劇內涵（II）的內容說明：

戲劇創作能力的應用		
情 節 一齣戲的故事與發生事件的安排	初	聆聽並回應故事，重現故事中片段的經驗（事）、場景（地）或人物（人）。
	中	重述故事的開始、中間與結束的流程，並了解人物關係或衝突元素。
	高	嘗試解決故事中的焦點問題，並透過小組合作，發展或再創故事情節。
人 物 推動劇情發展，使劇本從平面文學成為立體的戲劇	初	探究現實生活或幻想情境中，各種人物、動物的外形或動作特徵，並嘗試將之表達出來。
	中	探究現實生活或幻想情境中，各種人物的心理、情緒與社會關係的特質，並嘗試將之表達出來。
	高	辨認人物間不同的行為動機和感覺，辨識自己與他人的角色間的關係，並將之運用於戲劇互動中。
對 話 劇中人物或作者表達中心思想的工具	初	在戲劇扮演或遊戲中，隨機的與其他角色進行對話或回應問題。
	中	在戲劇互動中，即興發展兩人或三人的對話。
	高	綜合運用旁白、獨語或對白於小組/團體的戲劇互動中。
主 題 一齣戲的中心思想	初	描述戲劇或故事中的主要內容。
	中	辨認戲劇或故事中的主要議題。
	高	討論戲劇或故事中的多元議題，能依據不同的議題或觀點重創故事。
視覺效果 包含場景、道具、服裝、化妝等	初	運用簡單的視覺媒材或道具，表現個別角色與場景的特色。
	中	運用多元的視覺媒材或道具，表現特別的角色造型與情境氣氛。
	高	將各種複合媒材與視覺元素運用於布景、道具、服裝、燈光、化妝等，以凸顯戲劇主題的特殊性。
音樂效果	初	運用簡單人聲或樂器，表現人物情感和環境特色。
	中	運用多樣的人聲、樂器和情境聲響，表現人物情感和情境氣氛。
	高	運用各種的音效媒材，凸顯戲劇主題的特殊性。

參、戲劇內涵（Ⅲ）：戲劇賞析與社會生活連結

在戲劇內涵（Ⅲ）中的主要目標為「戲劇賞析與社會生活連結」，主要是透過戲劇欣賞課程，來增進審美的能力。在學校中，一開始是先從自己或同儕的創作中進行賞析，主動地分享自己的感受與看法，最後可以將戲劇應用於自己的生活和社會文化中。綜合而言，戲劇內涵（Ⅲ）可以包含「戲劇賞析」和「與社會生活連結」。

戲劇賞析與社會生活連結

戲劇賞析
- 初　探索人物和環境的特性，體驗多樣藝術形式，回應戲劇活動。
- 中　透過戲劇元素的了解，對戲劇/劇場的特質產生共鳴。
- 高　運用戲劇元素，探索劇場與其他藝術之間的關係，以理解戲劇創作歷程。

與社會生活連結
- 初　透過戲劇活動來回應自己生活體驗。
- 中　透過戲劇/劇場的分享或賞析，對自己、社會與文化的互動產生連結。
- 高　了解各種戲劇表現形式的文化或社會象徵意義。

注一：林玫君（2005）。創造性戲劇理論與實務－教室中的行動研究。臺北：心理。

注二：林玫君（2006）。表演藝術之課程發展與行動實踐－從「戲劇課程」出發。課程與教學，9（4），119-139。

第 **2** 章
肢體與聲音口語
之活動設計與教學

　　本書對象為**初次參與戲劇活動之師生**，從戲劇遊戲、肢體、感官想像及聲音口語等基本活動開始，讓學生發展創意與表達，開發身體潛能，以促進自我學習動機和自信。另有姊妹書《**兒童戲劇教育：童謠及故事的創意表現**》，是從**童謠**及**故事**切入，介紹戲劇創作的進階課程。

　　本章第一節介紹戲劇教學的準備工作，從**暖身活動**出發，分為三類：**熟悉空間與彼此、集中注意力**和**熱身活動**。第二節介紹戲劇潛能開發的第一步——**肢體動作**，一般分為四類：**身體覺察與控制、空間位移、空間關係**及**韻律動作**。第三節介紹戲劇潛能開發的第二部分，即**感官知覺與想像**的活動，並分為五大類：**視覺、聽覺、味嗅覺、觸覺、綜合感官／情緒**等。第四節為戲劇潛能開發的第三部分，介紹**聲音與口語表達**的活動，分別是**聲音、非口語、口語**的溝通表達練習。這四節的活動範例請見第三章至第六章內容。上述每一類別又分為**初級、中級、高級**三種難易度的活動，可先從初級活動開始，逐步進入中、高級活動。而在順序的安排上，不一定要完成所有類型的初級活動，才能進入中、高級活動。老師可以從某一主題的初級活動開始，直接銜接到同一系列的中、高級活動。第五節及第六節則簡要說明戲劇教學中的課室經營以及師生關係建立的基本原則。

第一節　暖身活動介紹

在「活動開始」時，需要讓學生知道什麼叫做「戲劇扮演」。特別對那些從來沒有參與過戲劇的學生而言，老師可以先從熟悉的「角色」做一個簡單的動作開始，例如：「老師假裝變成兔子跳躍」，請學生猜測老師在做什麼，藉此介紹：當一個人變成另一個人或物，做出假裝的動作時，就是「戲劇扮演」。老師也可以進一步請幾個學生自願扮演所喜歡的動物，讓大家猜猜他在做什麼；最後，再請全班每人想一個動物的動作，在原地假裝扮演出來。活動結束後，老師可以告訴學生，當你發揮想像，專注地把想像的人、事、物，以身體動作「假裝」做出時，就已經進入到「戲劇」的扮演世界了。

在對戲劇活動有了初步的概念後，就是要建立「戲劇默契」，尤其是如何「開始」及「結束」的訊號。最簡單的方法就是以「拍手」或「鈴鼓」等簡易的樂器當做「控制器」，以確保教學能夠順利進行。以下將延伸前面的活動，示範如何以「鈴鼓」建立默契，老師可以參考下面的引導：

「當我拍一下鈴鼓時，你們就變成剛剛想好的動物；

拍兩下時，就要像一個木頭人一樣，停在原地不動。」

進入活動前，也要考慮到「空間」或「分組」的安排。最簡單的「空間」安排，可以運用「電光膠帶」，依據需要在地板上貼成圓型、馬蹄型或正方型，以幫助學生確定自己的活動範圍，並在活動前告知學生，在空間移動時，不要到框框外。若班級學生人數過多，而教室空間不太大時，就必須考慮到「分組」的問題，建議可以將學生分為數組，有的小組先當觀眾，有的小組則先進行活動，之後再交換。

一般「暖身活動」分為三類：**熟悉空間與彼此、集中注意力和熱身活動**。在個別的類型中，又特別分為初級、中級、高級等三種不同難易程度的活動，一開始可先從初級活動進行，逐步進入高級活動。另外，在活動順序上，不一定要完成「所有類型」的初級活動，才能進入中、高級活動。老師可以從某一主題的初級活動開始，直接銜接到同一系列的中、高級活動。例如：【**暖1-3上市場1**】、【**暖2-3上市場2**】到【**暖3-3上市場3**】同一系列但不同層次的活動串連進行，讓學生在同一個主題下，由淺至深，獲得更深入的體驗。

壹、熟悉空間與彼此

通常在一個新的空間或新的班級，學生對彼此不甚熟悉，對環境也感到陌生，開始的暖身活動就會以能夠幫助學生「**熟悉空間與彼此**」的活動為主，建議老師可以進行【**暖1-1走走停停Say Hello**】、【**暖2-1走走停停做動作**】、【**暖3-1走走停停換東西**】，從空間的移動開始，透過走與停來幫助學生與彼此相見歡。

若是班級學生彼此不認識的情形下，可以進行【**暖1-2姓名卡位**】、【**暖2-2姓名傳球**】、【**暖3-2姓名動作**】、【**暖1-3上市場1**】、【**暖2-3上市場2**】、【**暖3-3上市場3**】，這些活動都是立基於認識名字的基礎上，再逐步加深其形式與內容，如加入動作、記憶性等。

貳、集中注意力

如果需要轉換不同的活動形式以集中學生的注意力，則可進行「集中注意力」的活動，如【**暖1-4傳電**】、【**暖2-4拍手傳電**】、【**暖3-4默契123**】、【**暖1-5誰該動**】、【**暖2-5放煙火**】、【**暖3-5大樹大象貓頭鷹**】。

參、熱身活動

午休後或晨間學生來學校時，身體還沒熱起來，也顯得較無精神時，就可以進行一些比較具備「**熱身**」的活動，如【**暖1-6水果大風吹**】、【**暖2-6小貓要個窩**】、【**暖3-6森林大災難**】、【**暖1-7猜拳遊戲**】、【**暖2-7動物演化拳**】、【**暖3-7動物演化拳團體戰**】、【**暖1-8貓捉老鼠圍牆版**】、【**暖2-8落跑老鼠**】、【**暖3-8有鯊魚**】。這些都是提供學生動動大肢體、在空間中奔跑的機會，只是在進行時需注意空間及分組的安排，以免發生意外。

表2-1　三種類型的暖身活動

	初　級		中　級		高　級	
熟悉空間 與 彼此	暖1-1走走停停Say Hello	P.59	暖2-1 走走停停做動作	P.62	暖3-1 走走停停換東西	P.65
	暖1-2姓名卡位	P.60	暖2-2 姓名傳球	P.63	暖3-2 姓名動作	P.66
	暖1-3上市場1	P.61	暖2-3 上市場2	P.64	暖3-3 上市場3	P.67
集中 注意力	暖1-4 傳電	P.69	暖2-4 拍手傳電	P.71	暖3-4 默契123	P.73
	暖1-5 誰該動	P.70	暖2-5 放煙火	P.72	暖3-5 大樹大象貓頭鷹	P.74
熱身 活動	暖1-6 水果大風吹	P.76	暖2-6 小貓要個窩	P.79	暖3-6 森林大災難	P.82
	暖1-7 猜拳遊戲	P.77	暖2-7 動物演化拳	P.80	暖3-7 動物演化拳團體戰	P.83
	暖1-8 貓捉老鼠圍牆版	P.78	暖2-8 落跑老鼠	P.81	暖3-8 有鯊魚	P.84

第二節　肢體動作介紹

本書先從「肢體動作」開始談起，對初次接觸戲劇活動的學生，通常不太習慣運用口語表達；因此，進行戲劇活動時，常會從動作出發。而在小學階段的表演藝術課程裡，「肢體動作」就像是舞蹈的開始，如「創造性舞蹈」，它就內含許多重要的元素，如身體覺察、操作性動作等。雖然在初級階段，老師不一定要將每個元素教給學生，但應該要瞭解教學的目的是在幫助學生奠定身體動作表達的基礎。老師可以先瞭解戲劇活動背後的元素意涵，並將這些元素融入教學設計中，如此戲劇活動的教學目標就會更明確。

一般「肢體動作」分為：**身體覺察與控制、空間位移、空間關係**及**韻律動作**等。雖然肢體動作活動共有四大類型，但個別仍然有初級、中級、高級三個不同層次的活動。老師可以先從初級活動開始進行，逐步進入高級活動。本書在活動的編排上，也先呈現初級的所有活動，再呈現中級與高級之活動。當然，若從活動進行的延續性上，老師可連續進行某一單元的初級、中級、高級活動，如將【肢1-4種子的故事1】、【肢2-4種子的故事2】及【肢3-4種子的故事3】等跟小種子有關的三個活動串連進行，學生可以在同一個主題下，由淺而深感受不同的樂趣，不一定要完成所有的初級活動，才能進入中級或高級的活動。

壹、身體覺察與控制

可先運用口述或遊戲的方式，探索自己身體各個部位，如頭、脖子、肩膀、背、手臂、腿、腳等，讓學生能進行不同組合與表現的方式，如活動【肢1-1身體打招呼】、【肢1-2口香糖】、【肢2-1我變成小木偶了】、【肢2-2造型公園】、【肢3-1毛毛蟲長大了】及【肢3-2怪獸雕塑家】。

除了探索身體不同的部位外，也可以連結**「操作性動作」**，它經常與「身體部位」一同進行，如探索手部的動作外，運用〝扭轉〞、〝彎曲〞、〝搖擺〞、〝轉身〞、〝蜷曲〞、〝伸展〞、〝推〞、〝拉〞、〝彈〞、〝搖盪〞等，探索身體不同的表達方式，如【肢1-3全身上下動一動1】、【肢1-4種子的故事1】、【肢2-3全身上下動一動2】、【肢2-4種子的故事2】、【肢3-3全身上下動一動3】及【肢3-4種子的故事3】。

貳、空間位移

可先從**「移動性」**的活動出發，讓學生在空間中探索不同的移動方式，包含行走、跑步、爬行、滾動、滑行、跳動等，如活動【肢1-5小狗狗長大1】、【肢2-5小狗狗長大2】。而每個移動方式皆有其不同的展現方式，如「滾動」就有側滾、前滾、後滾、橫滾等，活動【肢3-5我們要去抓狗熊】就是運用簡單或重複的故事，引導學生做出不同的位移動作。

除了「移動性」動作外，**「精力概念」**動作也很重要，它通常會與「移動性」動作一起進行，如在練習各種動物的移動方式外，還可以加入大象〝沉重〞、小鳥〝輕快〞等「精力」動作來幫助學生有效地運用自己身體各部機能，這些〝沉重〞、〝輕快〞、〝強烈〞、〝平靜〞、〝顫抖〞等都是屬於「精力概念」動作的範疇，【肢1-6獅王生日快樂】、【肢2-6海底世界】與【肢3-6外太空之旅】就是加入「移動性」與「精力概念」的活動。

參、空間關係

空間關係的活動目標在練習個人身體的動作與空間相結合，促進學習者自己和他人在空間關係上的練習與覺察。舉例來說，有部分學生進入空間進行活動時，就會自動將自己的空間位置處理好，但也有部分學生在進行活動中，就會與其他人撞來撞去，這是由於學生沒有察覺自己在空間的相對位置，所以容易造成推擠。而這個問題，老師除了一直喊：「小朋友，不要撞到人家」外，也可以透過戲劇活動，讓學生察覺到「自己」和「自己與他人」的關係。

空間關係包含有「個人與公共空間」、「高低空間」、「方向」、「合作」、「地形」、「狀態」等項目。前四項老師可以藉由一些簡單且具規則的方式進行，如透過空間中〝高中低〞各層次之探索；彼此距離的〝遠近〞；前後左右等〝方向〞的行動；〝兩人〞互相模仿的動作；或是彎曲線或Z型線等〝路徑〞的練習。活動【肢1-7鏡子1】、【肢1-8影子】、【肢1-11遊樂場好好玩】、【肢2-7鏡子2】、【肢2-8牽引】、【肢2-11地點建構】、【肢3-7鏡子3】、【肢3-8忽近忽遠】、【肢3-11平衡舞台】等，其主要的教學目

標都是在培養學生對空間位置的敏銳度。

　　除上述四項外，「**狀態**」是透過物體變化，如大小、形狀、水的三態（液體、氣體、固體）等，來引導學生感受肢體在空間中的運作情形。活動【**肢1-9氣球冒險1**】、【**肢1-10形狀魔咒1**】、【**肢2-9氣球冒險2**】、【**肢2-10形狀魔咒2**】、【**肢3-9氣球冒險3**】、【**肢3-10形狀魔咒3**】就是運用不同的組合，與他人練習在空間的互動。

肆、韻律動作

　　韻律動作就是將身體動作與時間或韻律的概念相結合，包含快慢的〝速度〞、切斷或連續的〝韻律〞動作等。在〝速度〞部分，可邀請學生選擇特定動作，並分別以〝快速〞或〝慢速〞的方式進行，或者運用鼓聲拍打出不同快慢的節奏，讓學生跟著節拍〝快走〞、〝慢走〞等。在〝韻律〞部分，可運用切斷或僵硬的韻律動作，如模仿機器人機械性的表現、溜冰的模仿等。活動【**肢1-12溜冰樂**】、【**肢1-13機器人動一動**】、【**肢1-14隱形球1**】、【**肢2-12花式溜冰大賽**】、【**肢2-13汽車工廠**】、【**肢2-14隱形球2**】、【**肢3-12神奇舞鞋**】、【**肢3-13零件總動員**】、【**肢3-14隱形球3**】就是運用特殊的韻律節奏，來模仿特定人物或活動，以完成時間概念的動作。

表2-2　四種類型的肢體活動

	初　級	中　級	高　級
身體覺察與控制	肢1-1　身體打招呼　P.87 肢1-2　口香糖　P.88 肢1-3　全身上下動一動1　P.89 肢1-4　種子的故事1　P.90	肢2-1　我變成小木偶了　P.92 肢2-2　造型公園　P.93 肢2-3　全身上下動一動2　P.95 肢2-4　種子的故事2　P.96	肢3-1　毛毛蟲長大了　P.98 肢3-2　怪獸雕塑家　P.100 肢3-3　全身上下動一動3　P.101 肢3-4　種子的故事3　P.102
空間位移	肢1-5　小狗狗長大1　P.105 肢1-6　獅王生日快樂　P.107	肢2-5　小狗狗長大2　P.108 肢2-6　海底世界　P.110	肢3-5　我們要去抓狗熊　P.111 肢3-6　外太空之旅　P.113
空間關係	肢1-7　鏡子1　P.115 肢1-8　影子　P.116 肢1-9　氣球冒險1　P.118 肢1-10　形狀魔咒1　P.120 肢1-11　遊樂場好好玩　P.121	肢2-7　鏡子2　P.122 肢2-8　牽引　P.123 肢2-9　氣球冒險2　P.124 肢2-10　形狀魔咒2　P.126 肢2-11　地點建構　P.127	肢3-7　鏡子3　P.128 肢3-8　忽近忽遠　P.129 肢3-9　氣球冒險3　P.130 肢3-10　形狀魔咒3　P.131 肢3-11　平衡舞台　P.133
韻律動作	肢1-12　溜冰樂　P.135 肢1-13　機器人動一動　P.136 肢1-14　隱形球1　P.137	肢2-12　花式溜冰大賽　P.138 肢2-13　汽車工廠　P.139 肢2-14　隱形球2　P.140	肢3-12　神奇舞鞋　P.141 肢3-13　零件總動員　P.142 肢3-14　隱形球3　P.143

第三節　感官知覺與想像活動介紹

　　一般人用五官感覺周遭的世界，尤其對演員、作家或其他的藝術創作者而言，能夠透過五官來感受、體驗及回喚（recall）個人經驗的能力，是相當重要的。這裡的重點就是在喚醒學生五官及情緒知覺的敏銳度，並增加其想像與表現的能力。因此，如何引發學生對五官的注意，連結他的實際經驗及舊經驗，最後能夠運用想像創造出有趣的情境，這些都是在感官情緒及想像的活動中，老師要引導的重點。

　　在諸多的戲劇活動中，「感官想像的知覺」通常會歷經三個階段：「感官知覺」（sensory awareness）、「感官回喚」（sensory recall）與「情緒回溯」（emotional recall）等。首先透過「知覺」來探索、回應感官及情緒的經驗；再運用「回喚」的方式，讓學生將感官和情緒經驗的細節重現出來；最後「回溯」過去感官或情緒的經驗，並運用於戲劇互動中或投射在扮演的人物中。

　　大致而言，「感官想像」分為五大類，分別是**視覺、聽覺、味嗅覺、觸覺、綜合感官／情緒**等。在個別的類型中，又特別分為初級、中級、高級等三種不同難易程度的活動，開始可先從初級活動進行，逐步進入高級活動。另外，在活動順序的安排上，不一定要完成「所有類型」的初級活動，才能進入中、高級活動。老師可以從某一主題的初級活動開始，直接銜接到同一系列的中、高級活動。例如：將**【感1-5聞一聞1】**、**【感2-5聞一聞2】**、**【感3-5聞一聞3】**等跟嗅覺有關的三個活動串連進行，學生可以在同一個主題下，由淺而深感受不同的樂趣，不一定要完成所有的初級活動，才能進入中級或高級的活動。

壹、視覺和聽覺感官知覺

　　前兩項「視覺」與「聽覺」，是運用實物或簡單的遊戲，引發學生對於周遭的感官環境作探索並回應，如閉起眼睛辨別不同聲音的來源，之後老師再運用口述引導想像（guided-image）鼓勵學生做出相關的默劇動作。例如活動**【感1-1眼神專注練習】**、**【感1-2變三樣】**、**【感1-3看門狗】**、**【感1-4軍**

隊行進】、【感2-1眼神殺手】、【感2-3盲人與狗】、【感3-1猜領袖】、
【感3-3飛機導航】等,就是透過簡單具規則的遊戲,引導學生注意〝看〞或
〝聽〞,先幫助學生將焦點聚集在特殊的視覺或聽覺之事物上,再運用自己的
肢體或聲音把這些事物反映出來。

老師甚至可以將視覺或聽覺之事物加入變化,嘗試融入故事情節,就可以
發展出具創意的情境或人物,如【感2-2布,不只是布】、【感2-4馬戲團狂
想曲】、【感3-2變身派對】、【感3-4音樂的聯想與變奏】等,就是運用
「視覺」及「聽覺」的感官經驗於小組／團體的戲劇活動。

貳、味嗅、觸覺和綜合感官／情緒等感官知覺

後三項「味嗅覺」、「觸覺」、「綜合感官／情緒」等是一般比較容易被
忽略的感官知覺活動。在活動的設計上,也是運用實物或簡單的遊戲,引發學
生對周遭感官環境作探索與回應,如輪流觸摸袋中的物品並描述摸到的東西,
之後再以「感官回喚」的方式做出相關的默劇動作或細節。表2-3中【感1-5
聞一聞1】、【感1-6爆米花】、【感1-7瞎子摸象】、【感1-8感官默劇】、
【感2-5聞一聞2】、【感2-6冰淇淋1】、【感2-7傳球】等,就是運用實物引
導學生在味覺、嗅覺或觸覺探索下做出細節的活動。

除〝回喚〞方式做出細節外,也可以在活動中加入戲劇的情境或角色,引
導進行更豐富的創作,如【感2-8感官默劇故事】、【感3-5聞一聞3】、【感
3-6冰淇淋2】、【感3-7我把球變成狗了】等活動。

表2-3　五種類型的感官活動

	初　級		中　級		高　級	
視覺	感1-1 眼神專注練習	P.147	感2-1 眼神殺手	P.150	感3-1 猜領袖	P.152
	感1-2 變三樣	P.148	感2-2 布，不只是布	P.151	感3-2 變身派對	P.153
聽覺	感1-3 看門狗	P.156	感2-3 盲人與狗	P.159	感3-3 飛機導航	P.162
	感1-4 軍隊行進	P.157	感2-4 馬戲團狂想曲	P.160	感3-4 音樂的聯想與變奏	P.163
味嗅覺	感1-5 聞一聞1	P.166	感2-5 聞一聞2	P.168	感3-5 聞一聞3	P.170
	感1-6 爆米花	P.167	感2-6 冰淇淋1	P.169	感3-6 冰淇淋2	P.172
觸覺	感1-7 瞎子摸象	P.175	感2-7 傳球	P.176	感3-7 我把球變成狗了	P.178
綜合感官/情緒	感1-8 感官默劇	P.180	感2-8 感官默劇故事	P.182		

第四節　聲音與口語表達活動介紹

　　「聲音口語的表達」活動主要目的在幫助學生控制其聲音與語調，進而增進表達與溝通的能力。由於年紀小的孩子受限本身口語的表達能力，因此這個階段的「聲音口語表達」探索，多半以「聲音」及簡單的「口語」活動來進行，待經驗成熟或年齡增長後，就可以進行即席口語對話之活動。

　　大致而言，「聲音口語表達」分別是**聲音、非口語**及**口語**的溝通表達練習。個別又包含初級、中級、高級三個不同層次的活動，老師可先從初級活動開始進行，逐步進入比較有挑戰的高級活動。本書第三章至第六章在活動的編排上，也先呈現初級的所有活動，接著再介紹中級與高級的活動。從活動進行的延續性上看，老師可以採用同一個單元的初、中、高活動，例如將【**聲1-5物品故事1**】、【**聲2-5物品故事2**】及【**聲3-5物品故事3**】等跟物品有關的三個活動串連進行，學生可以在同一個主題下，由淺而深感受不同的樂趣。活動安排的順序相當彈性，教師可依據學生的程度、年齡和興趣，不一定要完成所有的初級活動，才能進入中級或高級的活動。

壹、聲音練習

　　剛開始進入戲劇活動時，可以先從「聲音」開始，透過簡單的遊戲或是暖〝聲〞，讓學生自然地發〝聲〞。【**聲1-1傳聲筒**】、【**聲2-1回音谷**】、【**聲3-1聲音大合奏**】就是針對特殊的聲音或音效進行聲音傳遞或投射練習的活動。除了發〝聲〞外，透過一個〝故事〞製造聲音也是另一種方法，如在聆聽故事後，用自己的聲音或身體部位，為故事中的聲音製造音效，這樣的活動方式，不但可讓學生自發地依照自己的想法創造一些簡單的聲音，還可從中獲取成就感。活動【**聲1-2聲音故事1**】、【**聲2-2聲音故事2**】、【**聲3-2聲音故事3**】就是透過對周遭環境的聲音產生興趣後，由老師引導學生發展不同的聲音，並創造一個具有聲音的故事。

貳、非口語練習

在進入正式的口語表達活動前，可以用「非口語」的活動，引導學生用肢體、表情來傳遞訊息，「外星語」就是常用的一種練習活動。所謂的「外星語」，是指不依賴語言文字，只用「無特定意義」的聲音，配合表情、肢體、或者語調的變化來和他人進行溝通。這類活動需要把習慣性的語言拿掉，學生就特別要以誇大的表情、肢體動作和情緒性的語調，讓對方瞭解自己的想法。活動【聲1-3外星語】、【聲2-3買賣東西】、【聲3-3國外旅遊】等，就是讓學生在無口語壓力的情況下，能盡情地運用肢體，將情緒、角色、問題及關係表現出來。

參、口語練習

「口語練習」常以〝對白模仿〞、〝說故事〞、〝對話〞或〝角色扮演〞為引入的活動，並嘗試用不同的聲音、語氣、情緒等進行溝通練習。由於年紀小的學生表達力有限，在口語活動的設計上，建議以有限參與的方式引入。在已設計並規劃好的戲劇框架中，學生可以不用傷腦筋去想對白，只要跟著老師的指令進行，反而能自然而然地表達口語內容，如同日常生活聊天一般，說出想說的話，分享心中所想。

剛開始進行「口語」活動時，可先從〝對白模仿〞引入，運用簡短中立的口白，搭配不同的情緒進行，活動【聲1-4話中有話】、【聲2-4一句話—情緒急轉彎】、【聲3-4視情況而〝說〞】就是針對固定的對白而進行的活動。

除了〝對白模仿〞外，許多學生熱愛聽故事，也可透過〝說故事〞的方式幫助他們表達，【聲1-5物品故事1】、【聲2-5物品故事2】、【聲2-6大家來講古2】、【聲2-7真真假假】、【聲3-5物品故事3】、【聲3-6大家來講古3】、【聲3-7朗誦接力】等，就是透過故事、物件或不同的人稱方式，發展口語表達能力的活動。

　　〝對話〞也是另一種幫助表達的方法，透過一個大家耳熟能詳的故事，邀請學生扮演主要的角色，再以訪問的方式引導其發展簡短對話。如活動【**聲1-6大家來講古1**】。在學生對口語表達有一定的程度時，老師可以透過〝角色扮演〞的方式，讓學生發展即興對話，如活動【**聲1-7角色卡**】。

表2-4　三種類型的聲音與口語表達活動

	初　級		中　級		高　級	
聲音	聲1-1 傳聲筒	P.187	聲2-1 回音谷	P.190	聲3-1 聲音大合奏	P.193
	聲1-2 聲音故事1	P.188	聲2-2 聲音故事2	P.191	聲3-2 聲音故事3	P.194
非口語	聲1-3 外星語	P.196	聲2-3 買賣東西	P.197	聲3-3 國外旅遊	P.199
口語	聲1-4 話中有話	P.202	聲2-4 一句話 一情緒急轉彎	P.209	聲3-4 視情況而〝說〞	P.214
	聲1-5 物品故事1	P.204	聲2-5 物品故事2	P.210	聲3-5 物品故事3	P.215
	聲1-6 大家來講古1	P.206	聲2-6 大家來講古2	P.211	聲3-6 大家來講古3	P.216
	聲1-7 角色卡	P.208	聲2-7 聞言聞語	P.212	聲3-7 說明	P.217

第五節　戲劇教學前的考慮

戲劇活動強調兒童「想像」與「創造」的過程，在進行戲劇教學前，需要考慮兒童如何組織分配（人）、戲劇活動中教學資源的準備（物）、時間與空間的安排與掌控（時、地）及活動主題與將要進行活動的方式（事）等。戲劇教學若能由小而大、由簡而繁地觀照上述考慮，就能順利完成戲劇活動。

壹、人員分組

一般中小學或幼稚園的每個班級都有30位左右的學生，在帶領戲劇活動時，首先要考慮如何「分組」，使之能在有限的時間與空間中進行活動。通常分組的方式有下列不同的安排：

一、「全體同時」或「個別輪流」

「全體同時」是指所有兒童在同一時間內，站在定點，完成教師所賦予的任務。當兒童的社會技巧較成熟且能夠輪流及等待時，就可以常用「個別輪流」的方式來進行活動。

二、「雙人同時」或「雙人輪流」

「雙人同時」是指以與前述「全體同時」雷同，以兩人一組的方式，在同一時間內，依教師的指令，同時進行活動。因要與另一人合作，所以須等兒童有合作的默契後，才能進行。

三、「小組同時」或「小組輪流」

小組是三人以上的分組方式，教師可請兒童自行選擇小組成員，也可以隨機挑選或以報數的方式完成分組。在戲劇活動中，「小組同時」為班上全部的組別同時完成教師的要求或指令；而「小組輪流」則是個別小組輪流練習或分享。年齡較小的兒童，需要時間學習如何與他人合作相處，最好避免一開始就要進行雙人或小組合作的活動。

貳、時間的安排

　　在課程滿檔的教學時間中，要抽出時間進行戲劇活動，並非一件容易的事。在進行課程設計或帶領戲劇活動前，首先需要考慮「時間」的安排。

一、時間的長短

　　一般戲劇課程約30至50分鐘不等，不論是進行「時間的長短」或進行的「時段」，都會影響戲劇活動進行的狀況。教師需要視兒童的情況彈性地運用課程的時間。戲劇課程的延伸性也需考慮，若屬於同一個故事的2到3節課，最好時間不要拉得太長，不然會需要花費額外的時間來回顧上次課程的內容。

　　有時每日進行10分鐘的戲劇課，甚至比一個星期一次課程還好。

二、戲劇導入的時間

　　兒童對於戲劇主題的興趣與熟悉度各不相同，因此，進行戲劇前需要不同的導入時間。有些比較陌生的主題，需要較長的醞釀期。可在戲劇教學前，先做與主題相關的討論與體驗；而對於一些兒童已熟悉的主題或故事，可以跳過故事介紹，馬上進入創作想像的部分。

三、一堂課時間的分配

　　一堂課的戲劇活動流程約有前導暖身、創意想像、呈現分享和反思討論等四個部分，有時候因為兒童個別興趣不同，有的「前導暖身」或「創意想像」的部分就花了較長的時間，無法在當日完成呈現及反省。教師可視教學的情況，把整個戲劇的時段切成兩段或數段，分別在兩日或數日中完成。

　　總之，雖然戲劇活動中的時間分配與導入有所限制，但兒童的「興趣」主導著一切。一個吸引大家的主題能夠長時間地（超過50分鐘）抓住大家的興趣，即便間隔好幾天，他們對戲劇活動投入的程度仍然熱力不減。

參、「空間」的安排

空間的安排需要考慮活動的位置、學生的隊形、活動路線的安排及移動前的提醒。

一、教室狹小的空間

許多學校的空間有限，多半都在自己教室中進行戲劇活動。面對有限的教室空間，建議從兩方面著手改善：一為減少參與活動的人數，例如：一半的學生在教室，另一半去圖書館、戶外活動或吃點心；二為分組輪流，把全班分成兩大組，由一組先進行戲劇活動，另一組扮演觀眾。之後再交換角色。另外，也可移動一些桌椅，創造出開放或個別的戲劇空間。

二、找尋學校彈性空間

可利用學校中其它的空間，如韻律教室、午睡間、地下室、資源教室等進行戲劇活動。由於這些空間未加區隔且非兒童平日習慣性的使用方式，因此兒童常會因為場地太大，或不相關的材料設備（如鏡子、樂器等）而分心，以致無法專注於戲劇活動。因此，使用前必須貼好地線，移走會讓兒童分心的來源，明確訂定公約，活動才得以順利進行。至於一些體育館的空間太過遼闊，聚音效果差，且兒童慣於在這種場地追趕跑跳，難以定下心來進行活動，容易影響上課效果。

三、確定活動的隊形

依據不同的戲劇活動需要，常常需要在空間中排列不同的隊形。可以運用電氣絕緣膠帶在地上貼地線，幫助兒童確定其活動的範圍，常用的戲劇隊形有圓形、雙圈圓形、三面馬蹄形、兩邊對立、四面靠牆、四線排隊或空間發散等（如圖2-1）。教師平日就要和學生培養默契，常常練習，確保在活動進行中，一聽到教師的指令就能快速地排成需要的隊形，以提升活動間的銜接與流暢。

圓　形	雙圈圓形	三面馬蹄形	兩邊對立	四面靠牆	四線排隊

圖2-1　常用戲劇隊形

四、空間中動線安排

　　對初學者而言，最好以「定點」的方式來進行活動，如此能夠幫助兒童安定身心，也讓教師在帶領上較能循序漸進。若在一般教室中進行戲劇活動，可利用桌椅當成定點，或在沒有桌椅的地方，使用一張方形地墊作為活動開始與結束的定點。許多初階課程的活動，本來就是「定點」活動，如【肢1-4種子的故事1】，進行的是發芽長大的過程，兒童只要在定點上變成種子，將肢體慢慢地由低至高開展。由於兒童不需大範圍的移動，教師也較容易掌控兒童的秩序。

五、移動前的提醒

　　戲劇活動常需要兒童站起來到空間中「移動」。移動前，教師必須確定兒童間有足夠的空間，不致於身體展開時，互相碰撞。可用「手臂的空間」、「大腳的空間」或「身體的空間」等幫助兒童保持個體之間的距離。移動前，要確定兒童清楚地知道將要移動的方向與方式，如此才能避免造成混亂。此外，有些活動需要兒童時而坐下，時而進入空間移動。在這種情況下，教師最好在兒童坐著的時候，就先確定知道起身之後的移動狀態，以避免因方向的混淆而造成的混亂。另外，由定點而移動或由移動再回到定點的變化次數不宜太多，否則兒童忽起忽坐，很難有明確的方向感。

肆、教學資源的準備

教學資源對戲劇活動而言是非常重要的，不論幾歲的兒童，都需要一些道具及音樂來發揮想像，使其更能進入戲劇的情境。以下將從道具、特效分項說明。

一、簡單物品或道具的運用

無論對人物的模仿或劇情的呈現，教師若能適當地提供一些具體、半具體的實物、或非具體的替代物，都能增加兒童對戲劇內容的興趣，甚至引發更多的創意。例如：在人物模仿上，加上配件、衣物或頭套；在劇情中，加上真實的東西（如氣球、種子等）。教室中可以準備大型的布料、牆報紙、大小方形木箱等，這些都是能讓學生進入戲劇想像世界的媒介。

二、音樂、樂器與燈光的使用

此三者對整個戲劇時間的控制及氣氛的烘托有重要的影響。教師可利用教室中現成的燈光或窗簾來表示情境的轉換或日夜晴雨的變化，讓兒童更能表現出內心的感覺。而音樂則是全世界共通的語言，它能烘托戲劇的氣氛，也是一項很好的戲劇媒介。有時候，加入或由兒童自己為戲劇製造背景音效，對於鼓勵兒童的創意，有很大的幫助。借著戲劇氣氛的增加，兒童在不知不覺中更能專注地進入戲劇的情境。

三、其它的配置

教室中若能設置一個小小的舞臺，再可加上簾幕及簡單的燈光裝置，可讓兒童親身感受舞臺的效果。在進行課程前，也要留意一些小細節，如音樂檔案是否已儲存、電源有無插上、機器有無故障、東西是否在手邊等問題，以保障教學的順利。

伍、活動主題與方式的確定

在規劃戲劇活動時，為使未來活動進行得更順利，通常會先考慮「活動主題選擇」與「活動的結構性及難易程度」。

一、活動主題的選擇

一般，教師在選擇活動主題時會針對**「兒童的經驗或興趣」**來設計教學內容。通常，兒童對於玩具都非常喜愛，如機器人、布偶等，此時教師就可以以「玩具」為主題來進行戲劇活動。另外，一般學生在不同的課程中已有的**「學習經驗」**也能加以運用，成為戲劇活動的好題材。如自然課中探討「毛毛蟲變蝴蝶」，或生活課程中的「種子」及「天氣」等，透過這些已學習過的課程內容，加入戲劇互動元素，就能更吸引學生的興趣。有時，戲劇主題也可**配合特殊時機**而發展，如學校畢業典禮成果展現、話劇比賽或「防止霸凌」的校園宣導，都是戲劇主題的來源。

二、活動的結構性與難易程度

「結構性的高低」與教師掌控戲劇活動的程度及學生經驗有關。活動的「結構性高」時，教師預設的立場較明顯，提示的內容較多，兒童想像的空間相對變小。等到兒童的戲劇經驗累積及對故事的熟悉度提高後，教師就能用「結構性低」的方式進行，提示變少且增加開放性的問題，引導學生發揮更多的創意。

「活動的難易度」也是另一項考慮因素。戲劇活動的種類包含甚廣，活動間的難易度差別也大。從「默劇活動」到「即席口語對話」或「聲音的模仿與創造」等，有些活動比較容易進行，有些活動的挑戰性較高。在帶領之初，教師可先以默劇動作開始引導，要求兒童只做出動作，不需要講話。待大家有戲劇經驗後，就要求其進行對話或口語溝通。這個部分可以參考本書對不同難易活動類型的說明，進行設計。

第六節　戲劇教學中的師生關係

壹、常規共識的建立

戲劇課程一開始，最重要的就是要和兒童建立「共識」，透過「共識」具體建立的過程，才能產生一定的默契，戲劇活動也得以順利進行，有些國外教科書將這部分稱為「契約」（Contract）。通常，師生在建立共識時，包含兩個主要部分，一個是「建立常規」的共識，另一個是「進入戲劇情境」的共識。

一、常規的建立

戲劇課的開始，就是要與兒童「建立常規」的默契，通常教師可以運用討論的方式，與兒童共同訂定上戲劇課需要遵守的約定，一般的約定如下：

（一）教師的指令要仔細聆聽。

（二）盡力參與和發言，但是要舉手並輪流。

（三）別人發言時要注意聽。

（四）不隨意碰觸他人身體。

（五）不在教室中追逐奔跑。

（六）當同學在分享時，必須用心聆聽或認真觀看他人的創作。

在建立戲劇常規時，Heinig（1981）建議可運用一些正面的方式訂定，如：

（一）因為我喜歡別人注意我說話，所以我也會注意聽別人說話。

（二）因為我不喜歡別人說我的想法很笨，所以我也不會說別人。

（三）因為我不喜歡別人嘲笑我的感覺，所以我也不會嘲笑別人。

（四）因為當我表演時，我不喜歡被別人打擾，所以我也不會打擾別人。

（五）因為我喜歡有好的觀眾看我表演，所以我也要當一位好的觀眾。

（六）因為我不喜歡被別人排斥在外，所以我也願意讓別人與我同組。

二、開始的默契建立

教師也能夠與兒童建立「特別的默契」，以增進戲劇中的互動，如：

（一）教師拍鈴鼓一下表示開始，拍兩下表示行動停止。

（二）聽到教師拍手時，要停止所有動作，站在原地回應教師的拍手次數，例如教師拍三下，大家就要回應拍手三次。

（三）戲劇開始時，全班要圍成一個圓圈坐下，等待教師的指令。

（四）當教師喊「梅花」隊形時，表示要個別小組圍成小圈圈坐下。或當教師喊「升旗」隊形時，表示要以行列方式排列。

（五）戲劇進行中，若是教師用眼神嚴肅地注視你時，表示需要注意自己的行為。

（六）當教師開始倒數時，就表示戲劇活動即將結束。例如：教師開始倒數5、4、3、2、1時，就已經要準備結束當下進行的討論或活動。

對於初次接觸戲劇活動的班級或成員，也需要特別和他們建立「進入戲劇情境」的默契，有時甚至要在第一次上課，花一整堂課的時間，來示範或說明如何進入戲劇情境，如：

（一）當教師戴上帽子或者攜帶某些特別的道具時，就會變成另外一個角色，大家要依劇中角色的要求，給予適當的回應。

（二）當教師脫掉帽子或去除道具時，就會恢復教師的角色。

（三）當教師講一個故事或說「假裝現在大家是……」，這時表示教師要帶著大家進入戲劇情境，也請大家發揮想像跟著一起扮演。

貳、常規的維持與彈性

一、運用「戲劇內控」維持常規

常規的維持最好的方式，就是運用「入戲」的策略，由教師扮演角色來設定要求，使兒童在戲劇情境中，不知不覺地隨著教師的角色接受指令。透過戲劇情境來掌控教室常規，比較不易打斷活動的進行，更不會妨礙兒童創意的發揮。如：

（一）教師扮演國王的角色，要求兒童扮演人民且必須聽從國王的命令。

（二）機器人電池用完了，不能再動了。

（三）動物躲到山洞中，不能發出聲音了。

利用「戲劇遊戲」也能提供兒童練習自我控制，進而達到課程規範的機會。例如：走路、慢動作、冰凍活動、猜領袖、肢體放鬆及無聲之聲等。透過這些遊戲式的活動，在過程中學習如何隨著教師的指示，控制自己的身體和聲音。

二、「維持」並「堅守」所訂定的原則

教師在處理常規時，一定要時時提醒自己與兒童，對於已設立的規則必須實行同一種方式與標準，讓大家了解教師堅守原則的決心，如：

（一）常規的討論需要有一個結論，且下次上課時，要執行已定的規則。

（二）教師必須確實執行違反公約的處理原則。

（三）戲劇課前的常規提醒與建立，對部分兒童效果不大。若是在常規問題發生的當下處理，且事後馬上與兒童討論處理的緣由，並強調規則與行為的因果關係，效果較好。

（四）教師必須在使用道具前，說明其使用的方式，且強調若不能遵照規則，就無法使用。

三、違反常規或精神渙散時喚回注意力

在戲劇活動進行中，當有人的行為干擾到活動且違反常規時，教師常可應用提醒、溝通、討論、轉移、扮演、暫停及隔離等方式，處理一般問題。戲劇活動進行中，兒童也會因為許多外在的因素而影響專注力，顯得精神渙散，教師可以下列方式來喚回學生的「專注力」：

（一）將音量降低，或以「無聲」的方式說話。

（二）適時地變化聲音，以表示不同的情緒與意義。

（三）念口訣集中注意力，如教師說："Attention"，兒童回應"One , Two"，並在原地踏步兩下。

（四）使用鈴鼓或手鼓拍節奏，請兒童回應相同的節奏。

（五）靈活運用簡單的小遊戲，如教師喊1起立、喊2原地跳一下、喊3躺下、喊4坐起來，或進行「老師說」的遊戲等。

參、建立互信互賴的關係

在帶領戲劇活動時，最重要的關鍵就是如何在「教師與學生」或「學生與學生之間」建立一種彼此信賴且尊重的關係。首先就是要能接受彼此不同的想法、感受與表達方式，可以運用下列方法。

一、適當真誠地鼓勵

鼓勵是幫助兒童覺得自己有價值的方法。它是一種欣賞且接納他們本身的口語及行動的表現。若教師能對兒童有信心，他們會更容易接納且尊重自己和別人的想法與感覺。對年紀較小的兒童，受限於思想與表達的能力，常會提出一些不合邏輯，無關主題或缺乏創意的想法，教師絕不可認為其想法太過幼稚而加以嘲笑。在鼓勵兒童的行為時，教師可以用下面語句表達（Cherry，1983）：

例一：顯示接納的語句

「你們好像蠻喜歡做……」

「你們好像很怕巨人？為什麼？」

例二：表示信任的語氣

「我相信你們可以幫忙巨人，解決他愛發脾氣的問題。」

例三：指出貢獻、才能和感謝的語句

「謝謝，有了你們的幫忙，讓我對十二生肖有更深刻的記憶。」

「還好有各位村民的幫忙，不然我真的不知道該怎麼面對巨人。」

二、接受及反映學生的情感

利用「反映式的傾聽」可以讓兒童誠實地表達自己的信念和情感，而沒有被拒絕的恐懼。傾聽兒童說話時，要讓他們知道教師很清楚知道一些已經說的、沒有說的和其背後要表達的是什麼。下面就是一位戲劇教師在上課時，運用反映式的傾聽來釐清兒童心中真正想要表達的感受（Heinig，1981）。

兒童：「你好笨喔！」

教師：「為什麼會覺得老師好笨呢？」（教師未生氣）

兒童：「因為你常常假裝來假裝去的，看起來好好笑喔！」（兒童表達自己感覺）

教師：「對啊！我真的很喜歡演戲，我覺得很好玩耶，你覺得這樣看起來很好笑是不是？」（幫兒童澄清問題）

從例子可以看到，這個兒童可能在其它地方聽過這樣嘲笑別人的方式，也怕別人會用相同的方式笑他，或許他自己心裡對於這種假裝的扮演行為，覺得並不自在，因此就先發制人，以為這樣就能避免別人的嘲笑。但是當這位兒童聽到教師點出自己內心的掙扎且願意接受他的感覺時，他的焦慮可能因而減低

且願意繼續參與活動。

在情感的表達方面，教師應該在平日就試著傳達「所有的人都有感覺」的訊息。且透過「主動的傾聽」（Active Listening）來協助兒童描述及反映自己的感覺。根據Gordon（1974）的建議，可利用下列描述「負面情感」或「正面情感」的字眼來「反映兒童的感覺」（見表2-3）。

表2-3　反映「負面」與「正面」情感的字詞

反映「負面」情感的字詞	反映「正面」情感的字詞
被錯怪了、生氣、著急、無聊、挫折、困擾、失望、氣餒、不受尊重、懷疑、尷尬、覺得想放棄、懼怕、有愧疚感、憎恨、絕望、受傷害、能力不足、無能為力、被忽略、可悲的、不受重視、被拒絕、傷心、愚蠢、不公平、不快樂、不被愛、想要擺平、擔心、覺得自己沒價值	被接受、被欣賞、好多了、有能力的、舒坦的、自信、受鼓勵、喜歡、興奮、愉快、舒服、充滿感激、了不起、快樂、愛、欣慰、驕傲的、放心了、受尊重、滿足的

三、接納學生的想法

進行戲劇活動中，兒童也常會有天真奇怪的想法出現，若是教師能坦然接受，甚至引導討論以澄清某個觀念，這些都能幫助兒童接納自己與同儕間彼此的感覺與想法。下面就是實際教學時發生的例子：

例一、接受具暴力的想法

　　進行【感2-2布，不只是布】時，兒童拿起拐杖做出打獵的動作。

　　兒童：「砰……砰砰砰，我射到了。」

　　教師：「喔！你射到的是……？謝謝你，那拐杖除了變成槍之外，還可以變成什麼？」

　　有些兒童可能做出較具暴力的動作時，建議教師先不要指責或否認兒童，可以透過接受兒童的想法的歷程，引導他去思考其它的想法或創意。

例二、害羞或不敢分享的小明

　　當每個人都變成氣球在空中飛翔時，教師發現小明做得很棒，想要請他出來做給大家看。小明拼命搖頭，顯出害羞的樣子。

　　教師：「沒關係，等你準備好的時候再請你出來分享，那現在有誰想要跟大家分享的？」

有時候教師想請表現好的兒童出來示範給大家看,以鼓勵他的表現,但有些兒童較害羞,不願意出來時,建議教師不要強迫他出來,反而運用一些接納的語氣或用詞,讓兒童瞭解「其實教師是知道他的感覺」的。

例三、接受異想天開的答案

　　在經過一番氣球吹氣、消氣的引導與討論後。

　　教師:「你現在是一顆扁扁的、沒有吹氣的氣球,數到10就會充滿氣了喔!1、2、3……10(教師走到其中一個兒童身旁),你是什麼樣造型的氣球呢?」

　　兒童:「珍珠美人魚!」(教師繼續進行活動)

　　兒童的答案雖然有點異想天開,但他們所呈現的都是創意的發想,建議教師接受其回答,且不加以批評,繼續向下進行活動。

四、接受創意的限制及模仿的行為

　　兒童在活動之初的想法或表達有時會顯得「了無創意」,教師應了解這些行為只是開始的表現,「創意」會隨著熟練、適當引導而逐漸發展出來。兒童本就常會從模仿教師或其他同伴中學習表達,有時兒童會因模仿而互相指責:

　　小明:「老師他學我,哼!」

　　教師:「沒有關係,我想他應該是很喜歡你,所以才會學你做動作,你再試試看不同的動作!」(接著描述其他兒童的動作)

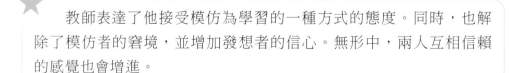
　　教師表達了他接受模仿為學習的一種方式的態度。同時,也解除了模仿者的窘境,並增加發想者的信心。無形中,兩人互相信賴的感覺也會增進。

五、表達教師自己的感覺

一位成熟的戲劇教師在面對自己的情緒困擾時，應坦承面對自己的問題，且誠實地表達出來，讓兒童了解，因為他們的某些行為，影響了教師及其他人的情緒，甚至干擾了整個戲劇活動的進行。

根據Gordon（1974）建議，教師可用「我－訊息」的方式（I-message）來溝通自己的感覺與想法。「我」的訊息一般包含三個部分：

（一）要能使兒童明白地了解對教師造成的問題是什麼。換言之，教師必須先描述干擾你的「行為」（只加描述，但不含責備之意）。

（二）要指明該項特殊行為給予教師實質或具體的影響是什麼。簡言之，教師要「描述後果」。

（三）要敘述教師因受實質的影響而內心所生的感受，換言之，教師要「描述行為造成的後果給你的感受」。

一般而言，我們可以用下列公式套入：「當你……（描述行為），結果造成……（描述行為後果）」、「我感到……（描述情感或感受）」或「當你……（描述行為），我感到……（描述情感或感受），因為……（描述行為後果）」。如此一來，教師在表達自己的感受之後，相信兒童也能很快安靜下來。

六、接受自己的錯誤

在開放活動中，每個人都盡情地嘗試不同方法，但有時也會失誤。許多人常以為「失誤」代表「失敗」，就無法接受這種事情。尤其是一般教師，容易把自己建立成有權威且不容犯錯的形象，要叫他打破自我的藩籬去接受自我的限制，更是一件不容易的事。因此，若教師能突破自我的限制，在平時活動中勇於嘗試新鮮的想法，並能接受錯誤，便能作為兒童學生的示範。下面就是一個例子：

接受錯誤一：「對不起，老師音樂放錯了，我們重來一次。」
接受錯誤二：「記不記得討論時說好，要年獸一戶戶敲門拜訪，每戶人家必須與年獸進行一連串的互動讓大家看，剛剛大家講太小聲了，這次放大音量再試一次好嗎？」

綜合而論，要建立良好的師生關係、營造互信互重的教室氣氛，無論是帶領的教師或參與的兒童都必須具備下列兩項重要的態度和能力。

(一) 對別人的開放與了解

對別人正面及負面的想法、感覺及行動都能接受，且有表達的能力與意願，讓對方「知道」你對這些想法、感覺及行動的了解。這必須透過正面口語的鼓勵、反映式傾聽等技巧來達到上列目的。

(二) 對自己的開放與了解

無論是教師或兒童都必須培養接納自己的態度，尤其是針對較「負面」的感情或「欠缺」的能力。教師如何能利用「我－訊息」進行溝通，用適切的語意表達自己的感覺與不足之處是相當重要的。對兒童而言，教師的身教示範也會影響其關係互動的模式，這對整個班級氣氛的營造的確是關鍵且重要的起步。

第 **3** 章

戲劇教學的
準備：暖身活動

熟悉空間與彼此

初 級

中 級

高 級

暖1-1 走走停停Say Hello

教學目標	1.熟悉空間並覺察自己與他人的空間關係。 2.練習聽指令做活動。 3.增進參與者認識彼此的機會。
教學準備	鈴鼓或音樂。

移動 全體同時

◆ 教學流程

1 隨著控制器（鈴鼓）練習走與停的動作。
「當老師搖鈴鼓的時候，請你在空間中走動，拍兩下時，請你停在原地不動。」

2 再次隨著控制器（鈴鼓）與他人Say Hello。
「當老師搖鈴鼓的時候，請你在空間中走動，拍兩下時，請你找一個人打招呼，想一想除了手可以打招呼，還有哪些方式可以打招呼？」

3 說明停下來的時候要找到另外一個人做自我介紹（名字、興趣等）。可以找幾位學員先做示範。
「拍兩下的時候，請你停下來，找到一個人告訴他你的名字和喜歡吃的東西。」

4 介紹活動的範圍(在圓圈內或地線內)，要求學員必須在固定範圍內走動。

5 邀請全班進入教室空間中，走走與停停並自我介紹。

◆ 教學小提醒

1 ▶ 若能使用電光膠帶將地板事先貼出範圍則更佳。

2 ▶ 為避免自我介紹音量過大，可事先設計情境，說明這是一個祕密任務，大家說話音量要小，不要被別人偷聽到。

◆ 教學延伸

1 可請學員先將自己的名字寫在紙上，然後介紹自己。

2 可設計九宮格的任務，請學員找到人後，記錄那人的介紹，直到完成認識九個人的任務。

3
暖身活動

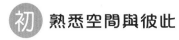

暖1-2 姓名卡位

教學目標	1.增進參與者認識彼此的機會。 2.提升專注力。
教學準備	鈴鼓。

移動
小組同時

◆ **教學流程**

1 每個人輪流說出自己的姓名。

2 邀請一位自願者站在圓圈中央做示範，請他隨意喊出一位同學的名字後，再從圓圈中間走向同學的位置並取代。

　「被你喊到名字的人，必須讓出你的位置給中間的人，你讓出來後就要到中間來站著，準備喊出另外一個同學的名字。」

3 被喊到姓名的人必須出列站在圓圈中，等到喊出另外一人的姓名時，就可取代其位置回歸圓圈中。

4 被喊到名字的人就出列，重複進行上述活動，直到全班的名字都被喊到為止。

◆ **教學小提醒**

1▶ 如已熟悉彼此，可省略。

2▶ 名字盡量不要重複，使每人都有機會換位置。

3▶ 若班上人數過多，可8-10人圍成一圈，圍成數圈後，同時進行左述活動。

4▶ 可請喊過的人蹲下，如此當全班蹲下時就可結束。

◆ **教學延伸**

參考活動【暖2-2 姓名傳球】。

初 熟悉空間與彼此

暖1-3 上市場1

教學目標	1.增進參與者熟悉彼此名字的機會。 2.提升專注力及聽指令的能力。
教學準備	鈴鼓、巧拼地墊。

**定點
全體同時**

◆ **教學流程**　　　　　　　　　　　　　　　◆ **教學小提醒**

1 全體圍成圈，坐下。

2 請每個人講自己的名字或小名。

3 邀請一位自願者當主人，到場中間，說出下列〝口訣〞：
「我要去市場，我帶著佑佑、美如去市場。」

4 主人要負責喊圓圈上的人的姓名，被喊到名字的人，就要站起來跟著主人走。

5 主人依順（逆）時鐘方向繼續行走，如前一個步驟，主人邊走邊喊第二個人、第三個人……的名字，聽到名字的人就要站起來跟著主人走。

6 直至主人喊：「回家了」，跟在隊伍後面的人，就要立即回到自己的位置。

7 可以重複進行幾次，換不同的學生當主人。

8 接下來，可仿照大風吹的模式，當主人喊回家了，可以去搶其他人的位置，沒有搶到位置的人，就要變身為主人。

2 ▶ 如果彼此還不太認識，建議可先進行【暖1-2姓名卡位】、【暖2-2姓名傳球】或【暖3-2 姓名動作】的活動。

6 ▶ 建議可事先要求學生，最多只能帶10個人上市場。

8 ▶ 在位置的部分，若不夠明確，建議可一人一塊巧拼作為位置的象徵。

◆ **教學延伸**

參考活動【暖**2-3** 上市場**2**】。

61

中 熟悉空間與彼此

暖2-1 走走停停做動作

教學目標	1.熟悉空間並覺察自己與他人的空間關係。 2.開發個人的肢體表達潛能。 3.培養與人合作共同表現肢體造型。
教學準備	鈴鼓或音樂。

移動
全體同時

◆ **教學流程**

1　請全班在空間走動,並說明停下來的時候要聽老師的指令做動作。

　　「拍兩下的時候,請你停下來,變巫婆。」

2　邀請全班進入教室空間中,走走與停停並給予不同的指令做動作,如變剪刀、變大樹、變兔子等。

3　走走停停抱一抱:延伸前面的活動,停下來的時候,聽老師喊的人數,圍抱在一起,如兩個人、三個人等。

4　小組確定後,給一個指令讓小組以肢體合作完成特定的造型,如房子、溜滑梯、飛機、大象等。

◆ **教學小提醒**

1▶ 可先進行【暖1-1走走停停 Say Hello】熟悉活動規則。

2▶ 若能使用電光膠帶將地板事先貼出範圍則更佳。

3▶ 除了物件或動物外,也可以更改為常見故事的角色,如睡美人、機器人、公主、王子、小矮人、大巨人等。

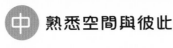

暖2-2 姓名傳球

教學目標	1.增進參與者認識彼此的機會。 2.提升專注力。 3.培養團隊默契及反應力。
教學準備	鈴鼓、小皮球。

**定點
小組同時**

◆ **教學流程**

1 每個人輪流說出自己的名字。

2 其中一人持球,並在喊出對方的名字後,傳球給對方。
「你喊出小花的名字後,要看著小花並將球拋給小花。」

3 接到球的人,必須馬上喊出另一人的名字,之後再傳球給對方,但球不可回傳或傳給相同的人。

◆ **教學小提醒**

1 ▶ 如已熟悉全班,可省略。

3 ▶ 熟悉活動後,可用數數的方式,計算球傳的次數。

◆ **教學延伸**

1 更換傳球的方式,如落地球、滾地球等。

2 改變傳遞物件-球類,可運用童軍棍,立在圓心,喊到的人要到圓心握住童軍棍,不使其倒下。

中 熟悉空間與彼此

暖2-3 上市場2

教學目標	1.增進參與者熟悉彼此名字的機會。 2.提升專注力及聽指令的能力。
教學準備	鈴鼓。

定點
小組同時

◆ 教學流程

1 分成數組，每人在組內報數，且組內每個人要輪流說出自己的名字。

2 小組共同決定一個想要去的地方，如市場、遊樂園、公園等地。

3 請其中一組示範給大家看。先由老師指定示範小組的第一人，由第一人開始念口訣，口訣如下：
第一人：「佑佑去市場（地點）。」

4 第二人之後，逆時鐘輪到的人念口訣時，要把前面幾位的名字唸出來後，再念自己的名字。
第二人：「佑佑、星星去市場。」
第三人：「佑佑、星星、亮亮去市場。」
第四人：「佑佑、星星、亮亮、水水去市場。」

5 全部輪完一圈後，可以再做一次，並進一步挑戰速度，如比賽哪組最快輪完一圈。

◆ 教學小提醒

1▶ 如已熟悉彼此，可省略。

2▶ 認識彼此亦可參考【暖1-2 姓名卡位】、【暖2-2 姓名傳球】等活動。

3▶ 地點可更改，第一位自報家門即可；第二位報第一位名字後，要加入自己的名字；第三位報前兩位名字後，要報自己的名字，以此類推，可參考下圖。

◆ 教學延伸

1 參考活動【暖3-3 上市場3】。

2 可更改為「自我介紹金字塔」，A自我介紹，B介紹A後介紹自己；C介紹A、B後介紹自己，以此類推。

亮亮　　水水
3　　　4

星星　　　　花花
2　　　　　5

1
佑佑

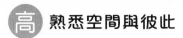

暖3-1 走走停停換東西

教學目標	1.熟悉空間並覺察自己與他人的空間關係。 2.增加彼此認識的機會。 3.集中注意力。
教學準備	鈴鼓、每個人的隨身物件。

移動 全體同時

◆ **教學流程**　　　　　　　　　　　　◆ **教學小提醒**

1　請每個人帶著一樣隨身的物件到圓圈中坐下。

2　請幾位自願者分享物件的名稱、功能與來源。

3　請全體到空間中走動，說明拍兩下鈴鼓後，就要定格停下，A須找到一個B，跟B分享是誰的物件、物件名稱、功能與來源。例如：這是王小明（A）的彩色筆，可以用來畫圖，是生日的時候媽媽買給小明的。

4　AB彼此分享物件後，要記住對方物件的描述，之後就可以交換物件。

5　B拿著從A交換來的物件後，繼續在空間中走動，聽到兩下鈴鼓後停下，找到一個新的伙伴（C），重複前一個步驟，彼此分享手上的新物件。

6　依前述的步驟，在鈴鼓後繼續找下一個人分享新物件，持續進行，直到活動結束。

7　圍圈坐下，抽出三四樣物件放在圓圈中間，請自願者描述物件的特色並說出它的主人。
「還記得手上東西的主人是誰嗎？」
「誰要來挑戰，跟大家分享它的主人跟東西是什麼？」

1▶　建議物件可以多樣化。

3▶　由於交換物件後，就必須以他人的身份繼續下去，因此在團體活動前，建議先示範，待確定規則清楚可理解後，再開始。

3 暖身活動

高 熟悉空間與彼此

暖3-2 姓名動作

教學目標	1.透過動作熟悉彼此的名字。 2.提升專注力。
教學準備	鈴鼓。

定點
小組同時

◆ 教學流程 ─────────●　◆ 教學小提醒 ─────

1　分成數組，並圍成圈。

2　以其中一組為示範，引導學生以自己名字的音節　**1▶** 本名或小名皆可，目的在互
　（雙音節或三音節）或意義，創造配合音節的動　　　相認識。
　作。例如：「郁婷」二字，一面說「郁-婷-」，
　一面做出代表郁婷的動作。

3　小組圈內，依逆時鐘方向，先由老師指定第一人　**3▶** 盡量鼓勵學員創造不同的動
　（A）說／做出自己的名字和動作後，全組的人　　　作。
　模仿A做一次，接著換A右手邊的B，重複同樣的
　步驟，一直到每個人都做過一次為止。

4　重新依逆時鐘方向輪流再做一次，但此次輪到的　**4▶** 可先請同組的人跟著一起
　人，要先做前面做過那些人的姓名動作，最後再　　　做，後再讓個人獨立完成。
　做自己的。
　「輪到第三位時，要先做第一及第二位的動作後，　▶ 可加入速度競賽。
　才做自己的；第五位要做出前四位的動作後，才
　做自己的。」

暖3-3 上市場3

教學目標	1.增進參與者熟悉彼此的機會。 2.提升專注力及聽指令的能力。
教學準備	鈴鼓。

**定點
小組同時**

◆ 教學流程

1 分成數組,每人在組內報數,組內每人必須決定自己是水果攤中的一種水果,如蘋果、香蕉、芭樂、西瓜、草莓等。

2 請其中一組示範給大家看。先由老師指定示範小組的第一人,由第一人開始念口訣,口訣如下:
第一人:「我要去市場買蘋果。」

3 逆時鐘繼續念口訣。第二人之後,念口訣時,要把前面幾位的水果唸出來後,最後加上自己的水果。
第二人:「我要去市場買蘋果、香蕉。」
第三人:「我要去市場買蘋果、香蕉、芭樂。」
第四人:「我要去市場買蘋果、香蕉、芭樂、西瓜。」
第五人:「我要去市場買蘋果、香蕉、芭樂、西瓜、草莓。」

4 全部輪完一圈後,請各組每人幫代表的水果設計動作,並依前述方式,逆時鐘再做一次,此次輪到的人在念口訣時,要先把前面幾位的動作跟材料名稱做／唸出來。

◆ 教學小提醒

1▶ 建議可先有【暖1-3 上市場1】及【暖2-3 上市場2】的經驗,再進行此活動。

2▶ 每組建議5-6人,可參考下圖。

4▶ 參考活動【暖3-2 姓名動作】。

芭樂 3　　西瓜 4

香蕉 2　　　　草莓 5

1
蘋果

集中注意力

初　級

中　級

高　級

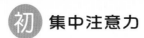

暖1-4 傳電

教學目標	1. 提高專注力。 2. 培養團體默契。
教學準備	鈴鼓。

定點 全體輪流

◆ 教學流程

1 全體圍成圈並手牽手。

2 學員手牽手，由其中一位學員開始，以握手的方式逆時鐘方向傳遞固定次數，直至回傳。例如：A傳遞數字2，即右手握緊B二下，B握緊C二下傳遞出去，直至傳回A。

3 再次以順時鐘方向握手傳遞次數，直至回傳，並確定次數是否一致。

4 由一位自願者擔任傳遞的出口，且可自行決定順時鐘或逆時鐘方向傳出不同的次數。

5 同時接收到左右兩方傳遞訊息的人，須以正常流程傳出。例如：小花同時右手傳來兩下，左手傳來五下，則須左手傳出兩下，右手傳出五下。

6 結束時，檢視原始數字與傳遞後的數字。

◆ 教學小提醒

1 ▶ 如果全班人數過多，可採取分組進行。

2 ▶ 可指定第一位。

4 ▶ 只有一個出口，其餘人僅能傳遞。

5 ▶ 僅有傳出與傳入，不能消除訊息。

◆ 教學延伸

參考活動【暖2-4 拍手傳電】。

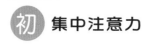

初 **集中注意力**

暖1-5 誰該動

教學目標	1. 提高專注力。 2. 培養團體默契。
教學準備	鈴鼓、音樂。

移動
全體輪流

◆ **教學流程** ━━━━━━━━━━━━●

1 全體圍成一大圈。

2 請學員依序報數,並記下自己的號碼。

3 遊戲規則說明並練習「當老師喊1時,每組的1號
須出列,並在小組圈中自由移動,但不能出聲亦
不能碰觸他人,直到老師請回去為止。」

4 以此類推,老師可以喊不同的號碼練習。

5 再重新進行一次,此次老師喊號碼外,還須給予
確實的動作指令,例如:蝸牛爬、青蛙跳、小鳥
飛等。

「2和6號變成蝸牛爬,兩個人要出列,進入圓圈
中,扮演蝸牛做動作。」

◆ **教學小提醒** ━━━━━━━━

1▶ 圍圈的範圍盡量拉大。

3▶ 亦可同時喊2個以上的數
字。

◆ **教學延伸** ━━━━━━━━━━●

1 加入兩個以上的角色即興作動作,如「2號變成
主人,帶著6號狗去散步」。

2 配合音樂,想像音樂情境做出動作。

暖2-4 拍手傳電

教學目標	1. 提高專注力。 2. 培養團體默契。
教學準備	鈴鼓。

定點 全體輪流

◆ 教學流程

1 全體圍成圈並手牽手。

2 學員手牽手，由其中一位學員開始，以拍手的方式逆時鐘方向傳遞固定次數，直至回傳。例如：A向B拍手二下，B向C拍手二下，往下傳遞出去，直至傳回A。

3 再次以順時鐘方向拍手傳遞次數，直至回傳，並確定次數是否一致。

4 由一位自願者擔任傳遞的出口，且可自行決定順時鐘或逆時鐘方向傳出不同的次數。

5 同時接收到左右兩方傳遞拍手次數的人，須以正常流程傳出。例如：小花同時收到右方傳來拍手二下，左方傳來拍手五下，則須向左方拍手二下，向右方拍手五下。

6 結束時，檢視原始的拍手次數與傳遞後的拍手次數。

◆ 教學小提醒

1 ▶ 如果全班人數過多，可採取分組進行。

2 ▶ 可指定第一位。

4 ▶ 只有一個出口，其餘人僅能傳遞。

5 ▶ 僅有傳出與傳入，不能消除次數。

◆ 教學延伸

1 可以說數字的方式傳遞出去，如A說1，B說2，持續到A為整組人數的數字。

2 可傳聲音或句子等，並分組比賽哪組人比較快傳完畢。

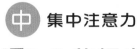
中 集中注意力

暖2-5 放煙火

教學目標	1. 提高專注力。 2. 培養團體默契。
教學準備	鈴鼓。

定點
全體同時

◆ **教學流程**　　　　　　　　　　　◆ **教學小提醒**

1 全體圍成一大圈。

2 說明等下大家要慶祝新年,請大家一齊在定點練習變成鞭炮或煙火的造型。
「有看過煙火嗎?是什麼樣子呢?當我數到3的時候,請你站在原地變成煙火的樣子。」

3 請圈內其中一位學生(A)指向另一位學生(B)並說出「放」,接著(B)馬上指向另一位學生(C)說出「煙」,(C)再馬上指向另一位學生(D)說出「火」後,(D)要馬上反應,並做出煙火的造型。

3▶ 由老師指定第一人。

4 完成後,繼續重複上述遊戲,來回玩幾次。

5 練習多次後,要(D)做出煙火的造型外,並要求站在D兩旁的人,做出火花的動作並發出炮竹的聲音(類似活動大樹、大象、貓頭鷹)。

5▶ 鼓勵發展不同的火花動作及聲音。

◆ **教學延伸**

1 配合英語節慶教學或加入不同情節或口訣,如英語課中重複Happy-New-Year,A指向B說Happy,B指向C說New,C指向D說Year,D與左右兩旁的人合作完成過年的動作。

2 擴大最後作動作者的角色,如D作煙火,兩旁的人(EF)作火花,再過去兩旁的人(GH)做出圍觀受到驚嚇的動作,變成五人的連鎖動作,如右圖所示。

高 集中注意力

暖3-4 默契123

教學目標	1. 提高專注力。 2. 培養團體默契。
教學準備	鈴鼓。

**定點
小組同時**

◆ 教學流程 ━━━━━━━━━━━━━━━━━━━━━━●　◆ 教學小提醒 ━━━━━━━━━━●

1 分成數組並圍成圈。

2 每組圍成一小圈後低頭（不看彼此），由其中一人隨意喊1，接著要由同組中的另一人喊2，接著，再由另一人喊3，以此類推往下數數。

3 每次在喊出數字時，同組內只能有一人報數，若有兩人或兩人以上同時喊出相同的數字，就算挑戰失敗，必須從1開始來過。

4 此外，喊數字的順序是依大家的默契隨機喊出，不能事先討論或依固定的順序（順或逆時鐘方向）。

5 給一分鐘，請大家在一分鐘內盡量利用默契完成任務。數到最多數字的小組即為優勝。

6 分享如何能在固定時間內，數到最多的數字。
「剛剛數到最多數字的是哪一組呢？」
「你們有什麼好方法可以跟大家分享一下，讓大家也可以像你們一樣，這麼厲害。」

2▶ 可閉上眼，加強聽覺的敏銳度。
　▶ 開始數1者的人可不固定。

4▶ 這個活動主要在考驗小組團隊互相傾聽和給予的能力，必須在安靜的情形下實施。

高 集中注意力

暖3-5 大樹、大象、貓頭鷹

教學目標	1. 提高專注力。 2. 培養團體默契。
教學準備	鈴鼓。

**定點
個別輪流**

◆ **教學流程** ━━━━━━━━━━━━━━━━━━ ◆ **教學小提醒** ━━━━━━

1 引導討論〝大樹〞的造型。

2 三人一組運用肢體合作創作，並共同決定一個固定的大樹造型。例如：中間者為樹幹，兩旁的人分別為不同高低位置的樹枝。　**2▶ 盡量鼓勵不同的創意動作。**

3 老師變成魔法師，用手指著一位學生並說出「大樹，1－2－3－」。在三秒內，被指到的人要變成大樹的樹幹，兩旁的人要做出前述的動作迅速變成樹枝，三人合體成為一棵大樹。　**3▶ 每個人都有機會扮演樹幹或樹枝。**
▶ 三秒速度須固定，且讓被指定者有反應時間。

4 三人中如有動作太慢或做出錯誤動作者，則主動站出替換魔法師的角色。　**4▶ 可由魔法師負責找出接班者。**

5 引導討論另外發展出〝大象〞的造型，一樣以三人為單位，中間做出〝象鼻〞，兩旁的人做〝象耳朵〞的動作，三人合體成為一隻大象，同上步驟，逐步練習。　**5▶ 針對年齡較小的孩子，選擇單一動物進行即可。**

6 引導討論做出三人組〝貓頭鷹〞的造型，同上步驟，逐步練習。

7 老師先扮演魔法師，隨意喊出〝大樹〞、〝大象〞或〝貓頭鷹〞。　**7▶ 也可以邀請自願者上來擔任魔法師。**

8 同上，若無法及時依指令做動作的人，就會變成新的魔法師。

◆ **教學延伸** ━━━━━━━━━━━━━━━━━━━━━━━━━━━

1 可給予主題，讓學生自由選擇動物類型，如森林、海底世界等動物的姿態。

2 除各種動物的外在姿態外，可發展出動物的聲音。

3 魔法師可即興給特殊指令，如「貓頭鷹看電視」，學生即興做出指定動作。

熱身活動

初　級

中　級

高　級

3
暖身活動

（初） **熱身活動**

暖1-6 水果大風吹

教學目標	1.開始暖身並集中注意力。 2.培養團體默契和玩興。
教學準備	鈴鼓。

**移動
全體同時**

◆ **教學流程**　　　　　　　　　　　　◆ **教學小提醒**

1 分享喜歡吃的水果，並共同決定三種水果名稱。

2 全體123報數，1為蘋果、2為香蕉、3為柳丁，記　**2▶** 可依決定的水果來命名。
下自己代表的水果名稱且不可更換角色。

3 一位學生扮演主人假裝送水果並喊出口訣，被指　**3▶** 提醒不可更換隔壁的位置。
定的水果須彼此更換位置（像大風吹）。例如：
主人：「吃水果」，大家回應：「吃什麼？」主
人：「蘋果」，則所有代表蘋果的人就要更換位
置。

4 在更換位置的同時，主人要趕緊尋找位置，沒有　**4▶** 如沒有椅子，建議可在每人
找到位置者則變成主人喊口訣。　　　　　　　　　位置上放置東西（如巧拼）
　　　　　　　　　　　　　　　　　　　　　　　或作記號。

5 進行幾次後，加入兩種水果以上的指令。例如：
主人：「吃水果」大家回應：「吃什麼？」主
人：「香蕉和柳丁」，香蕉及柳丁皆須換位置。

6 若同時要三種水果互換，則直接喊〝水果沙拉〞。

◆ **教學延伸**

反向思考，如指令為〝蘋果〞，則香蕉及柳丁須
更換位置。

暖1-7 猜拳遊戲

教學目標	1.開始暖身並集中注意力。 2.培養團隊默契和玩興。
教學準備	鈴鼓、音樂。

**定點
雙人同時**

◆ **教學流程**

1　學員兩人一組互相猜拳，除了一般以手勢做出「剪刀」、「石頭」、「布」之外，也可以約定運用其他的肢體動作來表現「剪刀」、「石頭」、「布」，例如使用雙手或雙腳。

2　引導討論「剪刀」、「石頭」、「布」的其他肢體動作，並先在定點上練習這些動作，再讓學員進行猜拳遊戲。

3　引導討論「獵人」、「老虎」、「槍」的造型，並先在定點上練習動作，再讓學員進行猜拳遊戲，「老虎」贏「獵人」，「獵人」贏「槍」，「槍」贏「老虎」，練習幾次，以熟悉規則。

◆ **教學小提醒**

1▶ 鼓勵多元創意的展現。

2▶ 可搭配音樂進行。

◆ **教學延伸**

參考活動【暖**2-7** 動物演化拳】。

初 **熱身活動**

暖1-8 貓捉老鼠圍牆版

教學目標	1. 快速暖身並集中參與者的注意力。 2. 培養團隊默契和玩興。
教學準備	鈴鼓。

**定點
全體同時**

◆ **教學流程**　　　　　　　　　　　　　◆ **教學小提醒**

1 邀請兩位自願者當「貓」及「老鼠」，分別站在空間中的不同位置。「貓」必須去捉「老鼠」，「老鼠」如被「貓」捉到，兩者要互換角色，再繼續追逐。

2 請所有的人牽手，面朝圓心圍成一圈並擔任牆壁的角色，但可自行決定何時要「開關」牆（手舉高或放下）。

2▶ 如人數過多，可以小組的方式圍圈。

3 貓與老鼠可利用牆壁張開的時候，跑入圈內，若牆壁沒開，則不得「破牆」進出。

3▶ 牆壁可視情況決定是否保護「老鼠」。

4 請自願的「貓」和「老鼠」用慢動作，和大家練習 "開" "關" 和 "進" "出" 的動作。例如：手牽手舉高為「開」，手牽手放下為「關」。

5 練習完後，開始正式進行活動。

5▶ 避免一開始進行活動老鼠就被捉。

6 討論分享當牆的心態。

　「你是要保護老鼠或要看好戲呢？」

▶ 適時更換學員當老鼠與貓，避免過於疲憊。

◆ **教學延伸**

1 增加老鼠及貓的數量。
2 限制只有老鼠可以進入牆中。
3 邀請一位指揮官指揮牆面開與關的指令。

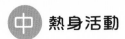

暖2-6 小貓要個窩

教學目標	1.開始暖身並集中注意力。 2.培養團體默契和玩興。
教學準備	鈴鼓。

**移動
小組同時**

◆ 教學流程 ━━━━━━━━━━━━━━●

1 三人一組，兩人面對面手牽手形成一個「窩」的樣子，第三人站在兩人中間的圈內，扮演家中的「寵物貓」。

2 邀請一位自願的學員扮演「流浪貓」，走到其中一個家拜訪並告知：「小貓要個窩」；此家的小貓留在原位不動並回應他：「去找隔壁要」。

3 當所有人聽到這句話時，除了被拜訪的小貓不須換位置外，其餘的小貓皆須離開原來的窩，並換去佔據別人的位置。

「換位置的時候，盡量不要跟隔壁的貓交換位置喔！」

4 「流浪貓」要藉機去搶其他貓咪空下來的窩，而找不到窩的貓咪，則變成新的「流浪貓」，重複步驟2～3的流程。

◆ 教學小提醒 ━━━━━━━━━━●

1 ▶ 如人數多，可增加扮演「窩」的人數，如4個人牽手圍圈。

3 ▶ 更換位置時，可加入鈴鼓聲音，作為提醒換位置的時間點。

▶ 建議不要讓學生彼此兩兩交換，會比較不好玩。

暖身活動

中 熱身活動

暖2-7 動物演化拳

教學目標	1. 開始暖身並集中注意力。 2. 培養團隊默契和玩興。
教學準備	鈴鼓、音樂。

移動 全體同時

◆ 教學流程 ● ◆ 教學小提醒

1 引導學員討論「老鼠」、「獅子」、「大象」的造型，並在定點上練習變成前述動物的動作及聲音。例如：大象有長長的鼻子，並發出「咻」的聲音。

1 ▶ 鼓勵多元創意的展現。

2 全體學員先變成「老鼠」，在空間中走動，遇到彼此時就互相猜拳（剪刀、石頭、布）。贏的人就升級為「獅子」，動作也要跟著改變並找其他的「獅子」猜拳。輸的人還是維持「老鼠」的身份，繼續找其他的「老鼠」猜拳。

2 ▶ 可搭配音樂進行。
▶ 變化的順序為「老鼠→獅子→大象→人」。

3 「獅子」要彼此猜拳，贏的人則晉升為「大象」後，再找其他的「大象」猜拳，輸的人還是維持「獅子」的身份，繼續找其他的「獅子」猜拳。

3 ▶ 同類動物只能找同類猜拳，如老鼠只能找老鼠猜拳、獅子只能找獅子猜拳、大象只能找大象猜拳。

4 最後升級為「大象」的人彼此猜拳，贏的人可變成「人類」並回到自己的位置上休息，等待活動結束。

5 重複數次步驟2～4，直到有學員變成「人類」。

6 如時間允許，可進行活動直到留下「老鼠」、「獅子」、「大象」各一位為止。

◆ 教學延伸

1 可配合生物課程，介紹進化過程，如「卵→蝌蚪→青蛙」或「毛毛蟲→蛹→蝴蝶」等。或配合卡通主題，如「皮卡丘」或「數碼寶貝」等主題，吸引學生興趣。

2 參考活動【暖**3-7**動物演化拳團體戰】。

中 熱身活動
暖2-8 落跑老鼠

教學目標	1.快速暖身並集中參與者的注意力。 2.培養團隊默契和玩興。
教學準備	鈴鼓。

**移動
雙人同時**

◆ **教學流程**

1 兩兩一組，肩並肩站立，分別是A與B。

2 邀請兩位自願者擔任「貓」與「老鼠」，「貓」要捉「老鼠」，「老鼠」被捉到時，則變成「貓」，倒過去追變成「老鼠」的「貓」。

3 「老鼠」唯一獲救的機會就是跑到其它雙人組旁，緊緊貼A並與之肩並肩站立，此時雙人組中的B，就會離開A變成落跑「老鼠」，躲避「貓咪」的追捕並尋找新的替死鬼（也就是其它雙人組中的一人），更換新的位置。

4 在找尋新的替死「老鼠」時，不得只找身旁或隔壁的雙人更換，以避免更換速度太快。

5 討論分享「貓」捉到「老鼠」的好時機。
「當你變成貓的時候，要怎麼樣才能捉到老鼠？」
「如果你是老鼠，怎麼樣才能躲開貓的追逐？」

◆ **教學小提醒**

2▶ 可先用慢動作練習。

3▶ 小組盡量散置空間中，使老鼠與貓有追逐的空間。

▶ 在不斷的更換下，整體空間看起來像是「細胞分裂」一樣。

◆ **教學延伸**

1 可以用兩人牽手的方式進行。

2 可配合活動主題，更改貓與老鼠的角色，如「美女」與「野獸」。

3 可增加小組人數，約4～5人一組肩並肩。

高 熱身活動
暖3-6 森林大災難

教學目標	1.開始暖身並集中注意力。 2.培養團體默契和玩興。
教學準備	鈴鼓。

移動
小組同時

◆ 教學流程　　　　　　　　　　　　　　　　◆ 教學小提醒

1　全體進行分組,三人一組,其中二人面對面,手牽手形成「大樹」,第三人在大樹中間變成「松鼠」。

2　一位學生變成鬼,並喊:「獵人來了」,所有的「松鼠」聽到後,必須馬上更換彼此的位置(像大風吹)。

3　在更換位置的同時,鬼要趕緊尋找空出的位置並佔據之,沒有位置的人,則變成新的「鬼」負責喊指令。

4　進行幾次後,練習另外一道指令:「森林大火」,此時所有當「樹」的人都要更換位置,尋找新的搭檔變成新的一棵樹。
　　4▶ 此時松鼠原位不動。

5　進行幾次後,練習最後一道指令:「地震」,此時所有的人(大樹與松鼠)都要重換位置和搭檔,變成新的森林。
　　5▶ 樹與松鼠的角色可依情況變化。

6　當大家熟悉所有指令後,中間的「鬼」可任意喊出其中一種指令,大家再依指令行動。

7　分享遊戲進行的感覺。
　　「在玩遊戲的時候,你覺得特別刺激的地方是哪裡?為什麼?」

◆ 教學延伸

可配合活動主題,更改口令或角色。

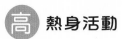

高 熱身活動

暖3-7 動物演化拳團體戰

教學目標	1.開始暖身並集中注意力。 2.培養團隊默契和玩興。
教學準備	鈴鼓。

移動
小組同時

◆ 教學流程 ●

1 引導討論並創造「大象」、「獅子」與「老鼠」的動作。例如：大象有長長的鼻子、獅子有恐怖的爪子、老鼠有兩顆小小的牙齒。

2 在空間中央畫一條線，分A、B兩大組，排成兩大長列，各組從中線各自向後退五至六大步，站在空間的兩邊的線後面，當成各自的堡壘。

3 請兩組人走到中線一步遠，兩人面對面進行猜拳遊戲，「大象」贏「獅子」，「獅子」贏「老鼠」，「老鼠」贏「大象」，練習幾次，以熟悉規則。

4 以小組為單位，各組先在組內祕密決定等下要一起出什麼動物拳，接著，兩組人排成一列，走到中間線，數123後同時出拳。

5 贏的小組要抓輸的小組的人，輸的小組可往回跑到線後面的安全堡壘。

6 如被抓到的人，則併為贏的那一組。

7 在允許的時間內，重複流程3～6數次。

◆ 教學小提醒 ●

1▶ 討論方式可參考活動【暖2-7動物演化拳】。

2▶ 參考下圖「空間位置」，也可在教室中用電光膠帶貼中間線。

4▶ 透過動物拳熟悉接下來的遊戲規則。

5▶ 小組須合作划動物拳。

A
組
堡
壘
界
線

B
組
堡
壘
界
線

中
線

暖3-8 有鯊魚

教學目標	1.開始暖身並集中注意力。 2.培養團隊默契和玩興。
教學準備	鈴鼓、數張報紙或巧拼。

**移動
全體同時**

◆ 教學流程

1 在空間中放置數張報紙，代表海上漂浮的船隻。

2 說明等下大家將要參加海上冒險競賽，但海中偶有鯊魚出現，大家要趕緊跳上船隻保命。
「如果你在海中游泳的時候，聽到有人說『有鯊魚』就要趕快跳到報紙上喔，不然會被鯊魚吃掉。」

3 全體先在空間中及船隻〝周圍〞練習各種游泳的姿態。

4 老師下指令〝有鯊魚〞時，才可跳到船上，沒有跳到船上的人就要被鯊魚吃掉了。

5 每艘船隻並無限制上船人數，且可逐次遞減船隻的數量；或如有船隻損毀，亦可將其對摺或收起。

6 同時，也可加入相似語詞混淆判斷，如「有太陽」、「有紗窗」、「有沙子」、「有沙蝦」等。

◆ 教學小提醒

1 ▶ 亦可用其他物件替代，如巧拼。

4 ▶ 安置被鯊魚吃掉的人在一旁，下一輪再請他回來參賽。

6 ▶ 在喊出「有鯊魚」前就偷跑上船者亦須淘汰。

◆ 教學延伸

1 加入鯊魚一角，請學員扮演並負責下指令。

2 改變故事情境，如〝有獅子〞的草原情境等。

第 **4** 章

戲劇潛能開發I：
肢體動作

身體覺察與控制

肢1-1 身體打招呼

教學目標	1. 以〝打招呼〞的方式熟悉彼此，增加團體動力。 2. 覺察並練習運用身體各種不同的部位。
教學準備	鈴鼓。

移動
全體同時

◆ 教學流程

1 討論並在位置上練習平常「打招呼」的習慣。

2 引導發展出不同身體部位打招呼的方式。
「我們的身體哪些部位可以用來打招呼？腳？膝蓋？那屁股可以嗎？怎麼做？」

3 示範並跟隨指令在空間中用身體某部位打招呼。
「當我〝搖鈴鼓〞，請你在這個空間中到處走動，不要碰到別人。然後我會〝拍兩下鈴鼓〞，並說〝用手臂打招呼〞，請你馬上找靠近你的一個人，跟他用手臂打招呼。當我又〝搖鈴鼓〞時，請你們分開繼續在空間走，等我說其他指令。」

4 全體同時進入空間練習不同部位的打招呼方式。
「…請用你的膝蓋打招呼……分開。用頭頂打招呼……分開。用你最喜歡的部位打招呼……」

5 討論分享觸碰不同身體部位的感受。
「請說說看，哪個部位你最喜歡用來打招呼，為什麼？」
「不喜歡的部位是什麼？」

◆ 教學小提醒

1 ▶ 喚起經驗，如眼神交流、微笑、擊掌、拍手、拍肩膀、矇眼睛等。

3 ▶ 可邀請學生上台示範。

▶ 注意「移動」與「做動作」的指令。

4 ▶ 也可分兩大組，視情況而定。

5 ▶ 也可以透過〝定格〞分享彼此的創意。

◆ 教學延伸

可加入〝人數〞變化，如「5個人用膝蓋打招呼」，增加其難度。

初 身體覺察與控制

肢1-2 口香糖

教學目標	1. 發掘身體的部位，並表現肢體的創意。 2. 練習身體的自我控制。
教學準備	鈴鼓、輕快的音樂。

定點 全體同時

◆ 教學流程

1 引導逐一探索身體各個部位，包含頭、肩膀、腰、膝蓋等。

2 示範假裝口中嚼著口香糖，並將口香糖黏在身體的某個部位，如口香糖黏住右手跟頭。
「這是魔法口香糖，要黏在我的頭上，哇！把我的頭跟右手黏在一起，拔不起來了！」

3 全體給予假想口香糖，邀請大家放進口中嚼一嚼。
「數到三，我要將魔法口香糖放到你們的嘴巴裡喔！嘴巴打開，1、2、3…。放進嘴巴裡了，嚼一嚼，吹泡泡…碰，破掉了。」

4 說明指令，並請大家回應與跟隨，如老師說：「口香糖」，學生回應：「黏哪裡？」，老師下指令：「黏肩膀」。
「口香糖（黏哪裡），黏…你的肩膀，很好，兩隻手都要黏住肩膀喔！」

5 全體同時依據老師的口號與指令進行，如黏頭、黏腳、黏膝蓋、黏屁股、黏肩膀等。

6 討論分享用魔法口香糖黏住身體不同部位的感受。
「你最喜歡口香糖黏住哪裡？為什麼？」
「如何讓口香糖黏得緊緊的？」

◆ 教學小提醒

2▶ 須誇大黏住的動作，拔也拔不開，引發學生的興趣。

3▶ 可趁此機會，練習口腔的咀嚼活動，如上面咬一咬，下面咬一咬，口香糖在嘴巴中滾來滾去等。

5▶ 老師可以到學生旁邊，稍微用力將黏住的部位分開，如分開學生黏住的手跟頭。但建議老師要注意力道，不要真的分開，以增強學生的自信心與遊戲的心情。

◆ 教學延伸

可兩手黏住身體不同的部位，如右手黏頭、左手黏膝蓋。也可進一步請學生將口香糖黏住別人，如自己的右手黏住別人的頭等。

肢1-3 全身上下動一動1

教學目標	1. 透過肢體動作增進自我控制能力。 2. 覺察並靈活運用身體各種不同的部位。
教學準備	鈴鼓。

**定點
全體同時**

◆ **教學流程**　　　　　　　　　　　　　　　◆ **教學小提醒**

1 引導逐一探索自己身體各個部位移動的方式，如手指、手臂、肩膀、頭、腰、腳等。

「試試看，動動你的手指，它可以怎麼動？還有呢？」

1 ▶ 視情況要求學生起立。

2 口述引導從手指開始，再將不同的身體部位連結成連續性動作。

「現在把剛才的動作再做一次。可是，這次必須做連續動作。現在動動你的手指頭，試試各種方向，加入手腕，別忘了，手指頭要繼續動！再加上手肘，別忘了手指頭、手腕也不能停下來。」

2 ▶ 除「逐一」加入身體部位外，也要透過觀察，適時提醒大家，動過的部位也要維持「動作」。

3 接續上一個引導，最後定格成為一個「奇怪的」雕像，並為雕像命名。

「動動動，現在你的全身都在動，等下聽到拍兩下的鈴鼓聲時，要停下來，你會變成一個最奇怪的雕像。」

3 ▶ 確定大家真的停止動作，變成靜止的〝雕像〞。

4 分享自己創造的人物與特色。

「想想看，你創造出來的，會是什麼樣的人物？當我走到你前面訪問你的時候，請你告訴我。」

4 ▶ 不強迫每個人都要分享，也藉由〝訪問〞的方式，可以更自然地分享。

◆ **教學延伸**

參考活動【肢**2-3** 全身上下動一動**2**】。

初 身體覺察與控制

肢1-4 種子的故事1

教學目標	1. 透過肢體動作體驗小種子成長的歷程。 2. 發展身體的定點動作，如推、擠、扭、轉、伸展等。
教學準備	鈴鼓、各種形狀的種子、布、音樂。

**定點
全體同時**

◆ 教學流程

◆ 教學小提醒

1 準備不同的種子，引導討論不同種子的外形後，用肢體做出不同外形的種子。

「當我敲一下鈴鼓的時候，請你們變成不同的種子。」

1▶ 可用 "旁述" 的方式，描述學生的表現，以鼓勵學生利用身體不同部位，如頭、腳，展現不同形狀的種子。

2 引導討論種子鑽出「堅硬」地面的情形。可以請三位自願者上台示範，一位當種子，兩位當泥土，示範小種子鑽出泥土的情形。若時間允許可請兩組做示範。

3 全體變成種子，從1數到5，一齊練習種子出土時用力「推、擠、拉、撞」等各種定點動作。

「如果你在很硬的泥土裡，要怎麼鑽出地面？」

「老師一邊數，你一邊從土裡用力推…1…2…拉…3…擠…4…撞…加油，快要出來了…5，停，定格！」

3▶ 可加入表情的描述，以更進入用力的情境中。

▶ 除了數5，當然也可以數10。

4 引導討論從小植物慢慢變成大植物的情形，可以加入「陽光照射」、「風吹」等情境，練習做出植物長大的「伸展、彎、轉、扭、擺」等各種定點動作。

「老師手上的鈴鼓代表太陽，你們是小種子，等一下陽光照到哪個方向，你們就要跟著往那個方向伸展……」

「老師手上的布代表風，等一下風吹往哪裡吹，小種子就會順著風勢擺動身體或扭轉方位……」

4▶ 可加入象徵性的道具，代表太陽與風，以進入情境中。

肢1-4 種子的故事1

5 討論並自行決定長大後要變成的植物，練習其動作，如牽牛花、松樹、芒果等。

「你長大要變成什麼樣的植物？如果你是芒果樹，芒果會長在你身體的哪個地方，會長幾顆芒果呢？請你變成長出芒果的芒果樹！」

6 將步驟1至5連結，配合音樂並以〝口述〞的方式，引導體驗從小種子逐漸長大變成樹的歷程。

「小種子慢慢地伸出芽來，當你在伸展時，同時注意你的方向，小種子已經慢慢長大了！繼續伸展、扭、轉，找到陽光的地方繼續成長，這個時候風慢慢地吹來，一開始是微微的風，小種子順著風輕輕地擺動身體，風勢越來越強了，身體更劇烈地擺動著、扭轉著……風終於走了，一切恢復平靜，你也慢慢繼續長大，已經要變成一株成熟的植物了，你會變成什麼樣的植物呢？54321，停！（定格在成熟植物的動作）」

6▶ 適時給予指導與提醒，使其有不同的肢體動作展現。

7 分享討論扮演小種子的想法。

「小種子剛剛從土裡出來的感覺怎樣？」

「你是用什麼樣的方法破土而出的？」

「剛剛你變成哪一種植物？」

「你最喜歡哪一種植物？為什麼？」

7▶ 亦可在每次步驟結束後立刻討論，不一定要等到最後一步驟。

◆ 教學延伸

加入戲劇衝突－「歷險」或「成長的意外」，參考活動【肢2-4 種子的故事2】。

中 身體覺察與控制

肢2-1 我變成小木偶了

教學目標	1.增進自我控制能力。 2.探索身體緊張與放鬆的動作。
教學準備	鈴鼓、流暢性音樂、懸絲偶、紙箱。

**定點
全體同時**

◆ **教學流程**

1 介紹懸絲偶（小駝），引導討論懸絲偶之特點。
「今天要介紹新朋友給你們認識！」（從紙箱中拿出）
「偶上有線連接，為什麼？如果把線放掉，小駝會怎樣？」

2 練習懸絲偶身體關節部位的分節動作。
「假裝大家都是木偶，有一條線在你的〝頭頂〞上拉，線越拉越高……越拉越高，放鬆！」

3 創造一個戲劇情境，配合口述，將分節動作以一個主題連貫起來，如魔法師（老師扮演）趁主人不在時，讓木偶復活，並操縱它直到主人回來。
「…主人出去了，木偶的頭慢慢地從桌子上抬起，向右、向左、向前、向後、轉一圈；兩邊手肘慢慢拉高、手腕接著拉高、拉到最高，放鬆！……唉唷！主人回來了！趕快恢復成木偶的樣子。」

4 討論分享扮演小木偶的想法。
「拉緊放鬆的感覺如何？拉緊時像什麼？放鬆呢？」

◆ **教學小提醒**

1 ▶ 懸絲偶易打結，操作前可先整理後，放於箱中。
▶ 邊討論邊示範懸絲偶之特點，加強印象。

2 ▶ 透過〝口述〞以體驗每個身體關節的擺動動作（頭頂、肩膀、手肘、手腕、手指、腰、膝蓋、腳踝、腳指等）。

3 ▶ 如果人數眾多，建議可分為兩大組分別進行，由其中一組先活動，另一組當觀眾。
▶ 建議可加入其他自編動作。

◆ **教學延伸**

1 搭配音樂，讓懸絲偶自由配合音樂（可更改為節奏性強的音樂）跳舞。
2 兩兩一組，一人擔任操偶人，一人擔任懸絲偶，配合音樂進行活動。

中 身體覺察與控制
肢2-2 造型公園

教學目標	1. 發掘身體的部位,並表現肢體的創意。 2. 練習身體的自我控制。 3. 鼓勵與他人合作表現生活中常見的景物。
教學準備	鈴鼓。

**定點
個別輪流**

◆ 教學流程

◆ 教學小提醒

1 討論公園裡常見的景色、物件或公共設施,如花、草、樹木等景色;或溜滑梯、蹺蹺板等遊樂設施;或是垃圾桶、椅子、路燈等公共設施。

2 全班圍坐成方形,說明方形空間是一個公園,先邀請一位自願者進入公園,運用肢體做出公園中一個物件或景物的造型,如垃圾桶。
「假裝中間是公園,現在公園空空的,我們可以先放什麼東西進去公園呢?」
「垃圾桶在公園的哪個地方?入口嗎?你是什麼樣的垃圾桶?需要打開蓋子嗎?」

2 ▶ 可運用電光膠帶,將教室中間貼出一個方形區域,作為公園。
▶ 建議老師可隨時進入公園,與扮演者互動。

3 再邀請更多的自願者輪流進入公園,運用肢體做出個別的物件或景物。
「垃圾桶旁邊可能有什麼?長長的椅子需要幾個人來扮演呢?椅子上面有誰在休息?」
「到了晚上,椅子旁邊會有什麼?路燈是怎麼亮的?請你亮一下。」

3 ▶ 可尋找具有戲劇動作或情節的角色。
▶ 亦可兩三人合作完成物件或景物,如兩個人組合成一張長椅。

4 待公園景象有了雛形,老師可以扮演至公園散步的人,邊描述在公園中看到的景物,邊與公園中的物件互動,例如:老師扮演老公公走到公園中:

「這裡有好多樹（學生1），還有很多矮樹叢（學
生2），我來坐在椅子（學生3）上吃便當，吃完
了，要丟到垃圾桶（學生4），奇怪！垃圾桶應
該怎麼操作？原來要踩一下蓋子才會打開！」

5 當大家熟悉活動後，可以請志願者扮演老師剛剛
的角色，進入公園與同伴互動。

◆ 教學延伸 ————————————————————————●

除了公園，也可以建構房間或廚房等較具象或生活化的空間。

肢2-3 全身上下動一動2

教學目標	1. 透過肢體動作創造特定人物和故事情節。 2. 運用口述默劇的方式將故事呈現出來。
教學準備	鈴鼓。

**定點
全體同時**

◆ **教學流程**

1 發表個人創造的雕像，並快速地分享自己的雕像名稱。

2 從中選出小組（ABCD），邀請大家一起討論並確認個別人物的名稱和動作：

T：「A是什麼角色？」　　　　S：「老公公」
T：「A正在做什麼？」　　　　S：「爬樓梯」
T：「A現在要去哪裡？做什麼？」
S：「去樓上找人，因為他的兒子住在那裡！」

3 承上，BCD角色的討論可重複上述問題。

4 依據前述討論的ABCD雕像之特性，經過團體討論，串連成一個具有開始、中間、結束的故事，引導討論的內容參考如下：

「A和B有什麼關係？」「C和D呢？」

「他們在一起會發生什麼事？」

「故事開始的時候，是從誰先開始？」

「然後呢？」

「最後怎麼結束的？」

5 綜合前面發展的情節，一邊敘說，一邊請A～D的同學，直接以默劇的方式呈現。

6 若時間允許，可挑選其他三到四位人物，重複步驟2～5，發展新的故事。

◆ **教學小提醒**

1▶ 延續活動【肢1-3 全身上下動一動1】。

2▶ 可邊討論邊將學生意見寫在黑板上。

▶ 建議可強調「人、事、時、地、物」之間的關係。

5▶ 若學生已有〝口述〞經驗，可直接將全班分成四人一組，並報數ABCD，由老師統一敘述故事，各組同時做動作。

◆ **教學延伸**

參考活動【肢**3-3** 全身上下動一動**3**】。

中 身體覺察與控制

肢2-4 種子的故事2

教學目標	1. 透過默劇動作表現人物或故事的細節。 2. 體驗完整的戲劇創作歷程，並將之呈現。
教學準備	鈴鼓、情境音樂。

**定點
個別輪流**

◆ **教學流程**

1 引導討論小種子的成長所需，如陽光、水及空氣；接著練習其個別的動作。
「假裝你是小種子，陽光照在你身上超級暖和，你會做出什麼樣的表情與動作？」
「我的鈴鼓是陽光，陽光要來嚕！這小種子在微笑，感覺非常享受陽光耶！」

2 討論小種子長大歷程中可能會發生的意外事件，如開花結果、蜜蜂採蜜、小鳥吃果子、刮風下雨等。

3 全體變成種子，從1數到5，一齊練習個別事件的動作，如小種子差點被小鳥吃掉：
「你是一顆小種子，老師拍一下時，你就假裝被小鳥叼起來，哇…飛好高喔！5…4…3…2…1…，小鳥一鬆口，小種子又掉回地面了。」

4 綜合前述討論，挑選幾項意外事件，並連貫成「一顆種子」的故事，故事簡要流程參考如下：
一顆小種子→漸漸鑽出土壤→太陽出來照射→種子發芽→微風帶來新鮮的空氣→種子慢慢伸展枝葉→小雨出現→逐漸長成植物→開出花朵或結果→蜜蜂或小鳥出現→刮風下雨→太陽出來→植物再度挺直身體長大。

5 全班圍成一個大圈或坐成方形，中間是呈現區，老師邊說「一顆種子」的故事，邊請不同的自願者變成角色進入呈現區中演出。口述內容參考如下：

◆ **教學小提醒**

1▶ 可雙人一組，一人扮演陽光，一人扮演小種子，進行即興互動。

2▶ 可邊討論邊記錄於黑板上，讓學生更清楚種子成長的歷程。

4▶ 可多人扮演同一角色，如三個人扮演三顆種子、兩個人扮演一群微風等。
▶ 若擔心秩序混亂，可以在口述時，留意出場的人數。

5▶ 對年齡較小的孩子，可提供布料、道具或頭套等，進行風、雨等角色的扮演。

肢2-4 種子的故事2

「花園中有三顆小種子（三位學生），一個園丁（一位學生）進入花園照顧這三顆種子，澆澆水、摸摸土，在太陽（一位學生）的照射下，三顆種子漸漸地發芽了（搖鈴鼓，請場中的學生回座）。過了一天，發芽的三顆種子（三位學生）仍在花園中，微風（一位學生）帶來了新鮮的空氣，圍繞在三顆種子旁，種子在微風中慢慢伸展出枝葉（搖鈴鼓，請場中的學生回座）！

第三天，長出枝葉的三顆種子（三位學生）不如前兩天的幸運，今天天氣陰陰的，就在這時候，下起毛毛細雨（幾位學生），雨很快就打濕種子枝葉，甚至有一顆水珠（一位學生）還掛在其中一顆種子的葉子上搖擺。三顆種子就在雨中越長越高、越長越大，逐漸長成一株植物，就在雨停後（扮演雨的學生回座），三種子開出了花朵（運用身體部位演出開花）、結出了果實（運用身體部位演出結果）！

可惜好景不常，蜜蜂（一位學生）和小鳥（一位學生）分別來採花蜜、摘果實帶回家（扮演蜜蜂、小鳥的學生，假裝摘花及果實回座位）。

好可惜喔！花和果實沒有了，即便如此，太陽公公（一位學生）仍盡職地出來照耀種子，就這樣三植物又再度挺直身體快樂地長大（搖鈴鼓，請場中的學生回座）！」

◆ 教學延伸 ─────────────────────────

1 可加入用身體製造「刮風下雨」時的聲音，呈現時讓圍在外圈的學生一起幫忙製造特殊音效。

2 可將全班分成數組，進行小組的「一顆種子」故事，詳細流程請參考活動【肢 **3-4** 種子的故事**3**】。

高 身體覺察與控制

肢3-1 毛毛蟲長大了

教學目標	1. 增進自我控制能力。 2. 探索身體不同的部位。
教學準備	鈴鼓、輕柔的音樂。

定點 全體同時

◆ **教學流程**

1 回顧觀察毛毛蟲長大的經驗，討論毛毛蟲從蟲變成蛹，最後破蛹而出，變成蝴蝶的歷程。

2 全體定格練習變成毛毛蟲。
「數到3，請你試著變成一隻毛毛蟲。」

3 討論並一齊練習各種毛毛蟲移動的方式。
「毛毛蟲怎麼移動？我數到10，請你變成毛毛蟲在移動，1…2…3…9…10。」

4 討論並一齊練習毛毛蟲變成蛹後，破蛹而出的歷程。
「如果你在蛹中，要怎麼出來？可以用身體的哪些部位來幫助自己？」（踢、拉、咬等）
「現在老師從1數到10，請你想辦法從蛹中出來，1…2…，慢慢來，不要急，3…4…，試試看，剛剛提到的踢、拉、咬，5…6…9…10。出來了！」

5 討論並一齊練習變成蝴蝶後飛行的情形。
「蝴蝶怎麼移動呢？1…2…，小心點，你們剛剛從蛹裡出來，3…4…，揮動一下你的翅膀試試，5…6…，慢慢地飛起來了，7…8…小心移動！9…10，蝴蝶請停下來休息。」

6 將上述討論與練習串連起來，並一齊跟隨老師的敘述，做出默劇動作，口述內容參考如下：

◆ **教學小提醒**

1 ▶ 在進行本活動前，最好有相關的經驗，如飼養或觀察毛毛蟲的經驗，若無，建議可以運用繪本或圖片幫助認識毛毛蟲長大的歷程。

4 ▶ 透過從1數到10，將破蛹而出的歷程，做連續的呈現。

5 ▶ 練習飛舞時，若人數太多，建議可以分成兩組或數組在空間中移動，並注意安全。

6 ▶ "口述"時，若空間不足，建議也可以分組進行。

肢3-1 毛毛蟲長大了

「你們都是毛毛蟲，有著很重的尾巴，好重好重，爬得有點辛苦，越爬越慢…。

　　慢慢地，毛毛蟲爬到一個安全的地方，邊吐絲邊將自己包起來。在裡面好擠好擠喔！不知道會發生什麼事情？

　　好像有一點亮光，先把蛹咬開一點點，哇！好亮好亮，把頭伸出來，把手伸出來，再伸出來一點點，抖一抖。我有一對好漂亮的翅膀，哇！黏在後面。我好想飛，飛不動，我抖一抖右邊的翅膀，抖一抖左邊的翅膀，兩邊都抖一抖，我飛起來了，現在我可以飛去我想去的地方。去好美好美的地方。」

▶ 可加入輕柔的音樂，幫助學生進入情境，如葛利格的「清晨」。

7 分享變成毛毛蟲的感覺，討論毛毛蟲在蛹中還有什麼不同的方法可以破蛹。

◆ 教學延伸 ────────────────●

可以加入燈光、音效，以幫助更融入毛毛蟲的扮演中。

高 身體覺察與控制

肢3-2 怪獸雕塑家

教學目標	1.發掘身體的部位,並表現肢體的創意。 2.練習身體的自我控制。 3.鼓勵與他人合作完成創意作品。
教學準備	鈴鼓、輕快的音樂。

**定點
雙人同時**

◆ **教學流程**

1 討論怪獸的不同造型和動作。
「剛才的怪獸長什麼樣子?有角嗎?身體是怎樣的姿勢?臉部的表情呢?」
「可以請你上來做做看你認為的怪獸嗎?」

2 說明將邀請一位自願者上台扮演黏土,由老師擔任雕塑師,示範雕塑師如何用「黏土」進行創作。例如:雕塑出彎腰駝背並伸出爪子的怪獸。

3 進一步討論雕塑怪獸臉部表情的方法:引導運用「照鏡子」的原理,雕塑師須將表情做給怪獸黏土看,請黏土模仿。
「怪獸的臉會有什麼樣的表情?」
「要怎麼讓你的黏土知道你想要創造出的表情?」

4 兩兩一組,確定黏土與雕塑師的角色後,在音樂中享受雕塑的樂趣,音樂停止就停止創作。

5 完成後,黏土和雕塑師可以交換角色。

6 亦可在雕塑師完成後,邀請雕塑師分享自己創作的怪獸和名字。

7 討論雕塑與被雕塑的感覺。

◆ **教學小提醒**

1 ▶ 參考活動【肢1-3全身上下動一動1】。
  ▶ 在討論之餘,可以邀請幾位自願者上台分享。

2 ▶ 請適時強調黏土要聽雕塑師的話,不能自行變換動作。

3 ▶ 照鏡子就是雕塑師須示範想要的表情給黏土看,這樣就會避免因手的觸摸而引起的衝突或傷害。

4 ▶ 進行雕塑時,建議在一旁提醒,如「手指頭的動作是什麼?」、「眼睛是兇兇的嗎?」

◆ **教學延伸**

1 在第一次兩兩一組進行怪獸的雕塑後,可集合所有雕塑師(怪獸留在原地定格),將手放在身後,逛逛這所謂的怪獸公園。

2 完成雕塑後,請怪獸在搖鈴鼓的期間動起來或發出聲音(時間長短可自行調整),拍兩下鈴鼓時即可定格停下。

高 身體覺察與控制

肢3-3 全身上下動一動3

教學目標	1. 透過肢體動作創造特定人物和故事情節。 2. 小組合作一起創造並呈現故事。
教學準備	鈴鼓。

**定點
小組輪流**

◆ **教學流程**

1 示範如何運用四個角色，發展出一個具開始、中間、結束的故事情節。

2 邀請四位人物（A～D），示範以默劇動作呈現故事，作為接下來分組活動的任務。

3 任務說明：4～5人一組，各組成員需在小組內，先分享已經自創的角色名稱及動作。

4 小組討論並發展彼此角色間的關係和故事情節，最後一齊串連成一個具開始、中間、結束的新故事。

「想一想，這些人物間有什麼樣的關係？他們如果湊在一起會發生什麼事情？故事記得要有開始、中間、結束喔！」

5 分組練習將新故事即興表演出來，並提醒注意每個人物的相關位置、動作，可加入簡短的對話。

6 分組輪流呈現，並發表觀看後的想法。

「你看到什麼？人物間彼此的關係是？為什麼四個人物會相遇？他們四個是如何相遇的？」

◆ **教學小提醒**

1▶ 參考活動【肢2-3全身上下動一動2】。

4▶ 可發予每組幾張白紙，記錄討論的內容。

5▶ 可邀請小組中的一位，擔任說書人的角色。

6▶ 須事先規劃舞台區位，始能呈現。

◆ **教學延伸**

1 最後的呈現也可分為開始、中間、結束，變成三張照片。

2 亦可挑選出一個最受歡迎的故事，發展更複雜的故事情節。

3 亦可呈現攝影記錄，播放欣賞後，進一步討論「舞台畫面」的相關概念。

高 身體覺察與控制

肢3-4 種子的故事3

教學目標	1. 練習小組的合作性動作。 2. 發揮小組創意，發展種子冒險故事。
教學準備	鈴鼓、紙筆。

定點
小組輪流

◆ 教學流程

1　6至7人一組，每小組圍成一小圈，依逆時鐘方向編號並依出場順序分配每人的角色，如1至3號扮演種子、4號扮演陽光、5號扮演風、6號扮演雨等。待小組全部分配完角色後，每組同時配合老師的敘述，邊說邊請成員輪流到小組圈中呈現故事。

2　分組練習後，回顧上述小種子歷險的經歷，討論並重新創作小種子的冒險故事，可詢問下列問題：

「開始的時候，小種子長大時，還可能會遇到什麼事情？怎麼辦？」

「後來，它遇到什麼不一樣的事？成長的速度會不會改變？形狀呢？」

「如果你是植物，遇到什麼事情會影響你成長的步驟或外形？」

「你覺得哪裡是最恐怖的情境，小種子會怎樣？」

「最後，這顆種子發生什麼事？有順利成長成大植物嗎？你要怎麼結束這個故事？」

3　請小組依據剛剛的討論內容，分組發展出故事內容後，將之切成起承轉合四個段落。

◆ 教學小提醒

1▶ 細節請參考活動【肢2-4 種子的故事2】。

2▶ 可將討論的過程寫下或記錄在白板上。

▶ 引導問題時，建議可依「起、承、轉、合」四個段落詢問。

肢3-4 種子的故事3

4 分組運用肢體練習故事的起承轉合等四個情節的
靜止畫面（如照片般將故事停格在某一片段，故
事中的人物角色皆停在動作上）。

4▶ 將畫面靜止，此種技巧稱為
"靜像畫面"。

5 小組輪流分享剛剛練習的四張照片，請其他小組
一齊猜測所發生的情節。

5▶ 如看圖說故事。

6 分享在切割故事上所遇到的困難，並一齊討論解
決之道。

◆ 教學延伸 ─────────────────────────────

可嘗試將四張畫面連貫成完整的戲劇演出，並搭配合宜的音樂。

空間位移

肢1-5 小狗狗長大 I

教學目標	1. 透過肢體動作體驗小狗成長的歷程。 2. 發展身體的多元動作，如推、擠、扭、轉、伸展等。
教學準備	鈴鼓、有關小狗的圖片或繪本、輕柔的音樂。

**定點
全體同時**

◆ **教學流程**

1 分享養狗的經驗。

2 準備與小狗有關的繪本或圖片，討論小狗從狗媽媽肚子到出生的歷程，如肚子裡→出生→吸奶→睜開眼睛→坐→站。

3 引導討論並練習小狗滑出媽媽肚子的情形。可以請一位自願者上台示範。
「如果你在狗媽媽的肚子裡，要怎麼出來？」

4 全體變成還沒出生的小狗，從1數到5，練習小狗出生時滑出肚子的動作。
「老師一邊數，你一邊在肚子裡準備出來…1…2…拉長身體…3…擠…4…爬…加油，快要出來了…5，停，定格！」

5 討論並練習小狗出生後到會站的個別歷程，如吸奶→睜開眼睛→坐→站。。

6 將上述討論與練習串連起來，並一齊跟隨老師的敘述，做出默劇動作。口述內容參考如下：
　　「小狗實在好可愛，現在你們全變成狗媽媽肚子裡的小狗了。媽媽的肚子裡濕濕暗暗的，眼睛還不能張開，身體縮得小小的，好舒服…。
　　哎呀！要出去了，用力的擠，頭先出來了，然後是前面的腳，接著是後面的腳，最後是小尾巴。
　　終於出來了！媽媽舔舔我的身體，可是我太累了，縮著身子一直睡。
　　唉唷，肚子好餓，我閉著眼睛慢慢的爬，找媽媽吸奶奶。找到了，張開嘴吸奶奶，用力的

◆ **教學小提醒**

1▶ 可以事先瞭解學生是否有飼養的經驗，若無，此步驟可省略。

3▶ 可鼓勵學生利用身體不同部位，幫助自己滑出狗媽媽的體內。

6▶ "口述"技巧就是由老師透過敘述動作的方式，讓學生依照內容做出動作。

▶ 可適時利用燈光或音樂幫助學生進入戲劇情境中。

4

肢體動作

初 空間位移

肢1-5 小狗狗長大1

吸,好好喝喔!

　喝飽了,呵,又要睡大覺了,躺著睡,趴著睡,還會抖腳耶!

　到了第12天,眼睛終於可以張開了,哎呀!好亮唷!

　要坐起來了,唉唷!腳太軟了,咚,倒下來了⋯。

　到了第15天,腳強壯多了,先側著身體,慢慢的用前腳支撐起身體,然後把屁股放正,耶!我會站了。」

7 分享討論扮演小狗狗的感覺。

◆ 教學延伸 ──────────────────●

參考活動【肢2-5 小狗狗長大2】。

肢1-6 獅王生日快樂

教學目標	1.練習森林動物不同的移動方式。 2.探索空間爬、跳、走等位移動作。
教學準備	鈴鼓。

移動
小組輪流

◆ **教學流程** ━━━━━━━━━━━━━━━━━━━━━━━━ ◆ **教學小提醒** ━━━

1 全體討論並練習森林中各種動物不同移動的方
　式，如蛇－爬、兔－跳、烏龜－慢走等。
　「想一想，森林裡面會有哪些動物呢？」
　「蛇是怎麼移動的？兔子呢？老虎呢？」
　「請你們通通變成兔子，開始移動。」

2 全班分成四組，沿教室四面牆圍成正方形。　　2▶ 可事先在地上貼地線。

3 請各小組決定將要變成的某種動物，並練習一同
　移動的方式，如羚羊輕快跑跳、烏龜慢步爬行
　等。

4 加入簡單情境，老師扮演森林之王－獅子，邀請　4▶ 可參考下列圖示。
　各組動物由方形位置上，輪流移動至獅王面前祝
　賀生日。

5 請各組練習祝賀獅王生日的動作。

6 綜合呈現慶祝獅王的生日，各組輪流移動到獅王
　面前祝賀。

◆ **教學延伸** ━━━━━━━━━━━━━━━━━━━━━━━━━━━━━━━━

1 加入「速度」、「精力」、「狀態」、「方向」、「路徑」等移動方式。
2 參考活動【肢**2-6** 海底世界】。

中 空間位移

肢2-5 小狗狗長大2

教學目標	1. 透過默劇動作表現人物或故事的細節。 2. 體驗戲劇創作歷程,並將之呈現。
教學準備	鈴鼓、有關小狗的圖片或繪本、輕柔的音樂、帽子。

移動 全體同時

◆ 教學流程

1 引導討論小狗長大後的生活,如洗澡、吃飯、喝水、散步、咬東西(調皮)、追球等,接著練習其個別的動作。
「假裝你是小狗,現在肚子餓了要吃飯,我鈴鼓裡面有你最喜歡吃的食物喔!快來吃吧!」

2 說明老師會戴上帽子變成「小狗的主人」,要來照顧大家。

3 綜合前述討論與練習,挑選幾項事件,並連貫成「小狗狗長大」的故事,故事簡要流程參考如下:
小狗狗吃飯→喝水→趁主人不在咬家裡的東西→主人回來發現小狗狗很髒→小狗狗洗澡→休息睡覺。

4 全班圍成一個大圈或坐成方形,老師邊說「小狗狗長大」的故事,邊扮演小狗的主人與之互動。口述內容參考如下:
(老師戴上帽子,拿著鈴鼓當食物盆餵狗狗)今天我幫小狗狗準備的是肉肉大餐,唉唷!你們的嘴巴怎麼吃得這麼髒,快用舌頭舔一舔,再喝喝水(老師走到學生面前用鈴鼓當碗,給學生假裝喝水)。
我要出去買東西,你們在家要乖乖顧家喔!(老師轉身脫帽)

◆ 教學小提醒

1▶ 可邊討論邊記錄下來,以更清楚小狗長大後的生活。

2▶ "教師入戲"須強調,當老師戴上帽子就變成小狗的主人,脫下帽子就是老師。

3▶ 建議可以搭配輕柔的音樂進行故事扮演。
▶ 此為"口述默劇"之技巧。

4▶ 老師脫帽後,要繼續"口述"小狗狗在家中調皮搗蛋的情形。

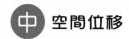

肢2-5 小狗狗長大2

小狗狗發現主人不在，就在房間到處玩一玩、聞一聞、咬一咬、跳一跳、滾一滾。不好了，主人回來了（老師轉身戴上帽子），我回來了，怎麼房間這麼亂，你們怎麼這麼髒，真是的，來洗澡吧！

來來來，洗澡了（老師拿鈴鼓假裝水盆淋在學生身上），洗完了，記得要把身上的水甩乾才是乖狗狗！

洗完澡的小狗狗，因為今天的調皮活動，覺得好累好累，就要睡覺了。

5 分享剛剛故事扮演的感覺，進一步討論故事內容，重新扮演。

中 空間位移

肢2-6 海底世界

教學目標	1.練習海底動物不同的移動方式。 2.探索空間中直行、迴旋等較複雜的位移動作。
教學準備	鈴鼓、教室中的桌椅、彩帶、布料、紙箱等。

移動
小組輪流

◆ **教學流程**

1 引導討論各類海底生物游動情形，如水母、海馬、神仙魚等，接著練習各種水生動物的動作。「假如你是水母或海馬，你會怎麼移動？」

2 運用教室中的桌椅或事先準備的彩帶、布料、紙箱等材料，讓學生自由運用，布置成海底空間，作為之後在空間中移動的障礙物。

　如：椅子鋪上布代表海草、桌子表示石頭、紙箱打開變成海底洞等。

3 將全班分成四組，各組選擇一類水中生物做動作，如水母開合飄。

4 說明規則：音樂結束表示鯊魚出現，大家要找地方停留並躲藏，以免被吃掉。音樂出來表示鯊魚離開，大家又可以在海中活動。

5 邊敘述邊請小組輪流進入空間中，以直行、迴旋等方式移動，內容參考如下：

　「（音樂播放）這是一個快樂的海洋，不同的海底生物出來亮相，現在是水母家族出遊的時間，10…9…8…慢慢地來到平常覓食的地方…隨著水波蕩漾，水母的身體也輕輕搖晃著…。

　「此時天空暗沉（音樂停），鯊魚出現了！大家趕快找地方躲藏。」

　「（音樂播放）呼！鯊魚走了，水母家族再次回到海中，繞過珊瑚礁…穿過水草…大浪來了…。」

6 引導分享水中冒險的經驗。

◆ **教學小提醒**

1▶ 可藉由影片加強對海中世界的瞭解，如卡通「海底總動員」。

4▶ 參考活動【暖3-8 有鯊魚】。

5▶ 建議小組可創造解決鯊魚問題的情節。

◆ **教學延伸**

1 加入特殊議題，如亂丟垃圾等環保議題。

肢3-5 我們要去抓狗熊

教學目標	1. 練習空間的位移動作，如走、跑、爬、滾、跳等。 2. 運用默劇動作，呈現完整故事。
教學準備	鈴鼓、布料、桌子。

**移動
小組輪流**

◆ **教學流程**

1 說明等下將要去探險，會經過各種區域去「捉狗熊」。故事大綱如下：

「村中的食物被狗熊吃了，村民決定去捉狗熊。」

「從家中打開房門、走下樓梯、跳出窗戶、穿過院子，經過野草、山坡、河水、樹林、山洞等地。」

「大夥遇到狗熊嚇得倒退回去，快速從山洞、樹林、河水、山坡、野草等返家，最後終於安全回到家，上樓爬上樓梯、關上門，躲回被窩裡。」

2 說明「捉狗熊」前須磨練體力及動作。邀請大家在原地練習「跑過野地」、「滾下山坡」、「跳過河水」、「繞行樹林」、「爬過山洞」等個別動作。

3 規劃空間，在教室兩端設定界線(line A & line B)。

4 將全班分成兩大組（10至12人一組），其中一組先擔任村民，另一組則在旁當觀眾。

5 村民組依據故事情節的引導，來回在A與B線之間，依故事順序進行不同的默劇動作，動作可參考如下：

第一次從A線到B線，進行「離開家」的默劇動作；

接著，從B線到A線，進行「跑過野地」；

之後，從A線到B線，進行「滾下山坡」；

再來，從B線到A線，進行「跳過河水」；

◆ **教學小提醒**

1 ▶ 可用大玩偶取代狗熊角色，吸引注意。

4 ▶ 須注意班級人數與空間大小關係，若有必要，可分成數組。

5 ▶ 以「邊說邊做」進行。

▶ 若學生能力允許，可加入相關的角色或道具，如樹林請觀眾組扮演、山洞可運用教室中的桌子做為道具、河水可運用布料揮動來營造等。

 空間位移

肢3-5 我們要去抓狗熊

最後，從A線到B線，進行「繞行樹林」；
返回時從B線到A線，進行「爬入山洞」。

6 最後，當聽到「狗熊」的聲音後，須快速地退回家中躲避狗熊，直到回家關上門，躲回被窩為止。如下：

聽到狗熊聲音後，須「爬出山洞」→「繞行樹林」→「跳過河水」→「滾下山坡」→「跑過野草」→「穿過院子、進大門、爬上樓梯、開／關門、躲進被窩」。

7 邀請觀眾組也進行步驟5與6。

8 討論分享捉狗熊的經歷與感覺。

「捉狗熊辛苦嗎？到了山洞有什麼感覺？」

「過河的時候超級危險，還有什麼方法可以幫助大家順利過河嗎？」

6▶ 可用鼓聲或音樂表示「狗熊叫聲」。

肢3-6 外太空之旅

教學目標	1. 以不同的移動方式穿越空間中的障礙。 2. 探索空間中較複雜的位移動作。
教學準備	鈴鼓、彩色膠帶。

**移動
小組輪流**

◆ 教學流程

1　7至8人一組，帶領小組運用肢體，合作建構出外星球的不同空間，如火山群區、岩漿區、海洋氣流等。

2　規劃路線（具起點與終點），並將小組建構的各類「空間」放置在路線上，並討論要用哪些不同移動方式穿越。

3　敘述故事情境：

「地球因全球暖化，已不能居住。」

「地球人要另尋其他星球居住。」

「經過不同星球空間，人類終於找到一塊可供居住的地方。」

4　綜合呈現：各小組輪流扮演地球人，練習經過不同星球的歷程。例如：第一組先扮演地球人，其餘小組在路線上建構自己的星球空間，請地球人從起點逐一進入路線，歷經幾個空間後，來到淨土（終點）。

5　討論分享外星旅行的經歷。

◆ 教學小提醒

1▶ 參考活動【肢2-6地點建構】之引導。

　▶ 可請小組為自己的空間命名。

2▶ 可運用彩色電光膠帶黏貼路線。

◆ 教學延伸

加入動態的動作，如外星怪物等，使地球人進入探險。

空間關係

初　級

中　級

高　級

肢1-7 鏡子1

教學目標	1. 培養對他人及自己身體的覺察力。 2. 練習自己與他人在空間中相對位置的變化，如上下、高低、方向等。
教學準備	大鏡子、鈴鼓、緩慢節奏的音樂。

定點 全體同時

◆ 教學流程

1 老師站在前面，面對全體學生。

2 說明將要進行鏡子活動，討論並示範主人和鏡子在「相對位置」上「同時移動」的關係。例如：主人提起右手穿上衣服，鏡子要提起左手穿上衣服。主人抬起左腳，鏡子要抬起右腳。主人點頭，鏡子也要馬上點頭。

3 老師扮演主人，站在全班面前配合緩慢的音樂節奏，運用身體不同的部位，做出各種動作；全體學生扮演鏡子，同時跟隨主人模仿。

4 邀請自願者出來帶領全體 "鏡子" 做動作。

5 討論扮演主人要 "注意" 的事項。
「主人要怎麼做，鏡子才會比較好跟隨？」

◆ 教學小提醒

2 ▶ 可運用實際的大鏡子觀察動作的變化。

▶ 建議搭配緩慢的音樂，勿使用快節奏的音樂，以免鏡子跟不上主人的動作。

3 ▶ 盡量動作放慢，讓學生可以跟上並確實做到老師的動作。

▶ 可在學生做動作時，邊給予建議（即 "旁述指導" ），如可提醒學生注意主人的高、中、低位置。

4 ▶ 可連續邀請幾位自願者擔任主人。

◆ 教學延伸

1 可以變化不同的主題，如早晨起床的活動、或延續前面的動作內容，如【肢1-3 全身上下動一動1】的步驟。

2 可以配合繪本故事，如猴子與小販（台英出版社），主人變小販，鏡子變猴子，模仿小販的動作。

3 兩人一組進行活動，可參考活動【肢2-7 鏡子2】。

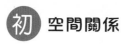
初 空間關係

肢1-8 影子

教學目標	1. 探索肢體遠近、前後、高低等空間中移動的相對關係。 2. 提升肢體在空間移動的敏銳度與觀察力。
教學準備	鈴鼓、緩慢節奏的音樂。

定點 雙人同時

◆ 教學流程

◆ 教學小提醒

1 邀請一位自願者與老師一同進行影子活動的示範。先由老師扮演主人，自願者扮演影子，主人在定點做不同的連續動作，影子就跟在後面模仿。

2 針對剛剛的示範，做下列討論：
「主人可以怎麼做，才能幫助影子跟上他的動作？」
「主人還可以做哪些動作？」

3 邀請兩位自願者再次示範，並討論其中的動作和問題，如動作不要一直重複、可以多些變化。

4 將全班分成兩大組（A、B），A組先進行活動，B組在旁觀察。

5 A組先進行活動，分成兩兩一組，站成兩排，前後左右取恰當的活動間距，一排當主人背對影子，一排當影子在主人後面。

6 音樂開始時，主人配合節奏（流暢慢速）做動作，影子跟著主人同時做動作，直到音樂結束才停止。交換角色進行同樣活動。

7 待A組全部完成後，換B組上場進行，A組則變成觀眾。

1▶ 請主人盡量放慢速度、加大動作。

影子　主人

4▶ 須注意安全，若有需要也可以分成三大組。

5▶ 參考上方圖示。

6▶ 建議搭配緩慢的音樂，勿使用快節奏的音樂，以免影子跟不上主人的動作。

8 分享參與活動的發現和感受。

「你在當影子時,有什麼感覺?如果換你當主
人,你會怎麼帶你的影子?」

◆ 教學延伸

1 除了在空間隨意移動外,也可以請影子慢慢遠離主人或慢慢靠近主人。

2 除兩兩一組進行影子活動,也可請學生一個接著一個,形成接龍式的影子活
動,也就是每人都要觀察並模仿前一人的動作,如此一來,此影子活動就會產
生時間差,可錄影下來跟學生一齊觀賞。

初 空間關係

肢1-9 氣球冒險I

教學目標	1. 透過模仿氣球的動作，練習個人肢體的控制力。 2. 練習肢體大、小及快、慢狀態的動作。
教學準備	鈴鼓、各式各樣的氣球、打氣筒。

移動
全體同時

◆ **教學流程**

◆ **教學小提醒**

1 介紹各式各樣的氣球，並引導觀察漸漸充氣及消氣的狀態。

2 全體變成未吹氣前的氣球，從1數到10，一齊練習氣球慢慢由小而大、由大而小的變化。

「現在你就是扁扁的氣球，還沒有吹氣喔！當我從1開始數的時候，氣球就會慢慢的充氣，記得...是慢慢的，最後數到10，氣球才打氣完成。」

「1、2、3...試試看，你的腳會怎麼樣充氣，6、7...你的肚子越來越大，身體也越來越大，9、10，氣球充氣完成，請你不要動喔！」

「你的氣球好大，好像愛心！」

3 將氣球鬆開並拋入空中，引導觀察一面消氣一面在空間中旋轉的氣球變化。

「現在我手中有一個氣球，我們一起數到3，看看氣球會怎麼飛？」

「有看到剛剛氣球怎麼飛了嗎？我們再做一次，這次請大家伸出食指，氣球飛到哪裡，手指頭就要跟到哪！」

4 全體變成充氣後的氣球，從1數到10，一齊模仿氣球在空間中流動，最後消氣的過程。

「我看到有氣球飛到牆壁，撞到後掉在地板；還有氣球飛到桌子上了！」

2 ▶ 〝數數〞就是從1數到10，做出流暢性的動作。

▶ 建議可反覆做幾次，每次都可以鼓勵學生變成不同形狀的氣球。

▶ 練習時，建議可描述他人的表現。

3 ▶ 可邀請學生先用手畫出氣球流動的軌跡，再用肢體。

4 ▶ 注意安全，流動時容易跟他人相撞，若人數過多，建議可採分組的方式進行此步驟。

肢1-9 氣球冒險1

5 引導觀察氣球在瞬間被戳破的情形。

6 全體變成充氣後的氣球，倒數321，一齊在瞬間爆破。

7 討論各種氣球的變化，並分享個人的偏好與感覺。

5▶ 注意安全，爆破時容易以加速的方式飛出。

◆ 教學延伸 ──────────────────────●

1 連貫上述進行練習，如扁平氣球→充氣→飛行→遇到樹枝被戳破。

2 參考活動【肢2-9 氣球冒險2】。

初 空間關係

肢1-10 形狀魔咒1

教學目標	1. 運用肢體各部位表達幾何線條及形狀。 2. 發展自己與他人身體空間的關係。
教學準備	鈴鼓、各式幾何圖形卡（○□△）。

定點 全體同時

◆ 教學流程 ──────────────── ◆ 教學小提醒 ──────────

1 引導並討論展示的〝幾何圖形卡〞或周圍觀察到的形狀。

2 引導用身體各部位逐一練習個別或綜合的形狀，並引入咒語。

「身體哪些地方可以做出形狀？手可以嗎？腳呢？…」

「當我唸出咒語（喔挖哩背裡碰），請你用手做出一個三角形。」（個別）

「當我唸出咒語（喔挖哩背裡碰），請你用身體任何部位做出一個三角形、一個圓形及一個正方形。」（綜合）

2▶ 亦可在形狀的數量上做變化，如：

○×2、□×3、△×1。

▶ 適時提醒高中低位置的高度變化。

3 兩人一組，引導合作用身體部位做出多種形狀。

「請你們兩個人用身體不同部位一起做出三個正方形。」

3▶ 可邀請幾組上台分享，其他組別則負責模仿。

4 分享討論變成各種形狀的想法。

「剛剛變成哪些形狀？哪個形狀你最喜歡？為什麼？」

「如果要你幫剛剛的造型取名字，你會取什麼名字？」

◆ 教學延伸 ──────────────────────────────

可搭配情境綜合進行不同形狀的練習，參考活動【肢**2-10** 形狀魔咒**2**】。

肢1-11 遊樂場好好玩

教學目標	1. 透過肢體動作探索空間中不同位置。 2. 配合情境做出相關的默劇動作。
教學準備	鈴鼓、有色膠帶或地墊 （用來規劃空間範圍）。

**定點
全體同時**

◆ 教學流程

1 全班圍成方形，坐在地線後方，讓大家都可以看到彼此。

2 說明地線的功能與規則。

「進行戲劇活動時，除非被邀請起來表演，不然不能離開位置。地線框起來的範圍是表演場地，我們都會在場地中間表演。」

3 說明中間是遊樂場，討論遊樂場中的遊具類型，並邀請幾位自願者進到場中間，合作運用身體組合成遊具，如二個人組合成「溜滑梯」。

「如果要變成溜滑梯，你們二個人要怎麼組合？誰是樓梯、誰是滑梯的地方？」

4 輪流討論遊樂場中的遊具，如鞦韆、單槓、蹺蹺板、搖搖馬等，邀請自願者合作呈現，最後將遊具擺滿整個地線框中。

5 邀請一位自願者到遊樂場中假裝操作遊具。

6 分享扮演遊具或與他人合作的感覺。

◆ 教學小提醒

1 ▶ 利用有色膠帶如電光膠帶在地上貼出可以坐全班人數的方形（此稱為地線）。

2 ▶ 地線是戲劇活動中，作為班級經營的利器，建議可善加利用。

3 ▶ 可邀請學生分享他們扮演的是溜滑梯的哪個部分。

4 ▶ 操作遊具時，需提醒學生假裝操作的精神。

◆ 教學延伸

除了遊樂場，也可設定其他具有多元物件的場所，如客廳、房間等，可參考活動【肢2-11 地點建構】。

中 空間關係

肢2-7 鏡子2

教學目標	1.培養對他人及自己身體的覺察力。 2.練習自己與他人在空間中相對位置的變化，如遠近、移動的關係。
教學準備	鈴鼓、緩慢節奏的音樂。

定點
雙人同時

◆ 教學流程

1 將全班分成兩大組（A、B），A組先進行活動，B組在旁觀察。

2 A先兩兩一組，站成兩排面對面，前後左右取恰當的活動間距，一排當主人面對鏡子，一排當鏡子在主人前面。

3 練習「定點」的鏡子模仿動作。音樂開始時，主人配合節奏（流暢慢速）做出各種動作，鏡子則模仿主人的動作。

4 練習「定點距離」的鏡子模仿動作。由近到遠或由遠到近，讓主人跟鏡子在三步間或一步間，進行活動。

「當老師拍一下鈴鼓，鏡子跟主人都要向後退一步，然後在位置上繼續做動作。再拍一下鈴鼓，兩個人又要向後退一步。」

5 練習「移動」中的鏡子模仿動作。由近到遠或由遠到近，一面同時向後或向前移動，一面持續動作進行鏡子活動。

6 討論鏡子活動中的注意事項或較困難的地方。

「鏡子要怎麼做，才能跟隨主人的腳步？」

◆ 教學小提醒

2 ▶ 可使全班排成兩排面對面，並在地上貼上近、中、遠距離的記號，如下圖所示。

3 ▶ 模仿練習時，可適時加入口語指示，如先從臉部、上半身，直至下半身的動作。

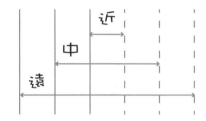

◆ 教學延伸

1 參考活動【肢3-7 鏡子3】。

2 加入不同的主題，如「球類」主題，每退（進）一步，主人可變換不同球類運動讓鏡子模仿，如籃球、棒球、網球、乒乓球等。

3 找第三個人，跟在主人後面，變成「影子」，在同一個方向模仿主人的動作。

肢2-8 牽引

教學目標	1. 探索肢體遠近、前後、高低等空間中移動的相對關係。 2. 提升肢體在空間移動的敏銳度與觀察力。
教學準備	鈴鼓、柔和音樂。

> **移動**
> **雙人同時**

◆ **教學流程**

1 邀請一位自願者出來示範,老師當帶領者,自願者當跟隨者,帶領者須伸出手掌移動,跟隨者必須眼睛盯著手掌跟著移動(臉與手掌保持一個拳頭的距離)。
「當我的手掌往右邊移動,你看著我的手掌跟著往右邊移動!」

2 全班分成兩人一組,一人當帶領者(A),另一人當跟隨者(B),練習步驟1。

3 更改為三人一組,帶領者(A)用兩手牽引兩位跟隨者(B、C),進行同樣活動。
「試試看!帶領者是不是可以用兩手,牽引不同的跟隨者,在不同的空間移動。」

4 分享討論跟隨的感覺。
「跟隨的過程中,遇到什麼困難?你可以如何克服?」

◆ **教學小提醒**

1 ▶ 剛開始練習,盡量以〝慢動作〞進行。
▶ 搭配柔和音樂,協助速度放慢。

2 ▶ 適時提醒帶領者放慢速度,並嘗試高低前後不同的方位。
▶ A與B可角色交換。

3 ▶ 盡量在大空間進行,避免活動進行時的碰撞。
▶ 提醒隨時注意空間中其他人的位置。

◆ **教學延伸**

七人一組進行,分別為1234567號,1號為中心帶領者,23號跟隨1號的左右手,45號跟隨2號的左右手,67號跟隨3號的左右手,以此類推,可增加至十五人一組,如下圖所示。

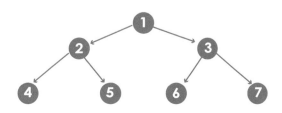

中 空間關係

肢2-9 氣球冒險2

教學目標	1. 練習兩人一組的合作性動作。 2. 練習輕快、緩慢、高、低等各種動作變化。 3. 練習直行、迴旋及方向等各種空間的肢體移動。
教學準備	鈴鼓、音樂。

**移動
小組同時**

◆ **教學流程**

1 兩人或三人一組,從1數到10,合作發展氣球充氣、消氣、爆破的情形。

2 討論氣球在空中飛行時,可能會發生的意外事件,如遇到下雨、卡住在樹枝上、衝入雲中等。

3 綜合前述討論,挑選幾項意外事件,連貫成「氣球冒險記」,可參考下列敘述:

「現在氣球要出發去冒險囉!你覺得身體越來越輕,慢慢離開地面,你看到地面上房子越來越小,學校的操場也越來越小……」

「一陣陣的風,讓氣球一下高、一下低,小心前面有一棵大樹,慢慢地繞過去。」

「從前面又吹來了一陣龍捲風,讓氣球一面飛一面打轉…,好不容易龍捲風離開了。」

「就在這時,忽然間下起了小雨,雨越下越大,氣球被雨水打的一直往下沉,身體覺得好重,快飛不上去了!忽然天空出現一道閃電,砰…一聲大雷,嚇得氣球飛得歪七扭八,氣球快要撐不住了!」

「終於,雨停了,氣球可以喘一口氣,慢慢地、輕輕地向上飄動,向上飄動…天上的白雲好可愛,跟白雲一起在空中轉一轉、玩一玩。」

「玩得正高興,唉呀!不小心被樹枝卡住了,用力…用力…沒辦法動了!突然!一隻蜂鳥飛過

◆ **教學小提醒**

1▶ 細節可參考活動【肢1-9氣球冒險1】。

3▶ 如空間較小,可分組輪流練習。

▶ 此為 "口述" 技巧,透過動作的敘述,可引導練習氣球快、慢、高、低、直行、迴旋等變化。

▶ 可運用輕快穩定的音樂背景加強氣球旅行的意象。

▶ 加上鼓聲強調各種風勢,如搖鈴鼓表「小風」、拍鈴鼓表「大風」、「打雷」等。

肢2-9 氣球冒險2

來，牠的鳥嘴越來越接近氣球，越來越接近……
321，砰地一聲，氣球破了！它的碎片散落在地
面。」

4 分享氣球旅行的冒險經驗。

◆ **教學延伸** ─────────────────────●

參考活動【肢**3-9** 氣球冒險**3**】。

中 空間關係
肢2-10 形狀魔咒2

教學目標	1. 運用肢體各部位，呈現幾何線條及形狀。 2. 以簡單情節故事發展自己與他人空間的關係。
教學準備	鈴鼓、巫婆帽、魔杖。

移動
全體同時

◆ **教學流程**

1 把形狀餅乾作為引入點，敘述巫婆角色，背景如下：

「她是一個愛吃餅乾的巫婆，就住在森林的另一頭，只要被她發現你在森林中，她就會用魔杖把你們一個個變成形狀餅乾！」

「森林中已經有很多不同形狀的餅乾，都是之前被巫婆魔咒變的。」

「你們是一群必須經過森林回家的小朋友，每次回家都要心驚膽跳的，深怕被巫婆發現，所以當巫婆醒來時，就要假裝成已經被巫婆變成形狀的那些餅乾；趁巫婆睡著時才能繼續往前行！」

2 說明老師戴上帽子就會變成巫婆，教室空間就是巫婆的森林，當巫婆轉身時大家就要定格變成不同的形狀。

3 巫婆每次轉身時可說出不同形狀的指令，如三角形、圓形、正方形等，大家就要配合指令，運用肢體各部位呈現形狀。

4 進行幾次後，可邀請自願者扮演巫婆一角，並加深指令，如三個人變成三角形、圓形等。

5 分享當巫婆轉過來的感覺，討論如何反應才不會被巫婆發現的技巧。

◆ **教學小提醒**

1 ▶ 建議進行過活動【肢1-10形狀魔咒1】，再進行本活動較佳。

▶ 須說明清楚入口及出口之處。

▶ 仿123木頭人遊戲。

2 ▶ 老師變成巫婆進行「巡視」，可加強學生肢體的控制能力。

5 ▶ 可在旁設置一區，安置被巫婆發現的學生。

◆ **教學延伸**

可進行整體故事的呈現，參考活動【肢3-10 形狀魔咒3】。

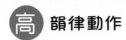

肢3-14　隱形球3

教學目標	1. 覺察空間中自己與他人的相關位置。 2. 合作呈現默劇活動。
教學準備	鈴鼓、哨子。

移動
小組輪流

◆ **教學流程**　　　　　　　　　　　　　　　　◆ **教學小提醒**

1　分享玩各種球類活動的動作與經驗。

2　全體想像自己正在玩一種球類運動，從1數到5，
　　一齊練習。

3　在反覆練習後，挑選幾位停止動作的人，邀請他
　　人猜測他們的運動類型。
　　「他在玩什麼球類活動？如何從這樣的定格動作
　　中，猜測這個球類運動？重量、大小…還有呢？」

3▶ 可挑選幾位不同運動類型的
學生進行分享。

4　全班分成兩大組，決定一種可團體進行的球類運
　　動，如躲避球。

5　回顧玩躲避球的經驗，討論躲避球的規則與進行
　　方式。

5▶ 若學生比賽經驗較少，建議
可多花時間回顧球賽的經驗
和可能發生的事情。

6　在空間中分配位置，小組以慢動作的方式，輪流
　　呈現球賽實況，老師扮演播報員，在一旁描述運
　　動員的姿勢和動作，以增加臨場感。

7　分享討論打「隱形」躲避球的感覺。

第 **5** 章

戲劇潛能開發2：
感官知覺與想像

視　覺

感1-1 眼神專注練習

教學目標	1.以傳遞眼神的方式增進專注力。 2.透過視覺方式覺察周遭變化。
教學準備	鈴鼓。

定點/移動 全體同時

◆ **教學流程**

1 全體圍成圈。
2 練習在圓圈定點中與他人以目光打招呼。
「現在大家都可以看到彼此，當我拍鈴鼓的時候，請你用你的眼睛與周遭的同學用眼神接觸並打招呼。」
3 在空間中移動並練習邊走邊與他人以目光打招呼。
「當我拍鈴鼓的時候，請你開始走路並與周遭的同學用目光打招呼。」
「請不要跟緊某個或某些人，盡量找不同的人用目光打招呼。」
4 分享接收他人眼神訊息時的感受。
「在接收他人眼神訊息時，你遇到什麼問題或困難？」
「你覺得剛剛跟誰的眼神交流，是最溫馨的？」

◆ **教學小提醒**

1▶ 可站可坐。
2▶ 透過彼此「微笑」可以確認雙方眼神的交流。

3▶ 鼓勵眼神交流，不害羞！對於年齡越高的孩子，男女雙方的交流會更困難。

◆ **教學延伸**

1 加入不同的情緒，如進行眼神交會時，可以「難過」、「高興」的心情告訴他人。
2 改變班級組織：分兩大組，分別為內外圈，內圈以順時針方向行走，外圈以逆時針方向行走，同時以眼神交流。

初 視 覺

感1-2　變三樣

教學目標	1.增進視覺感官的敏銳度。 2.創造不同的視覺變化。
教學準備	鈴鼓。

定點
雙人同時

◆ 教學流程

◆ 教學小提醒

1 邀請兩位自願者示範，分別當A與B，請A先觀察B身上的穿著或外型特徵。
「B頭髮造型是？衣服的顏色？款式？身上的裝飾品？」

2 30秒觀察後，請A轉身背對B，並依問題，描述B的穿著或外型特徵。可參考下列問題，請A作回答：
「B身上穿什麼顏色的衣服？」
「B手上或腳上有戴什麼裝飾品嗎？」
「襪子有穿嗎？」
「頭髮撥哪一邊？」

2▶ 亦可不請學生轉身，直接觀察描述即可。

3 A觀察描述後，在一分鐘的時間內，請A轉身背對B，並要求B在身上變化三項造型或穿搭位置，如把頭上的夾子拿下來、左腳的襪子脫掉等。

3▶ 運用站立與坐下，如站立表示「未完成」，坐下表示「完成」變化。

4 B變化後，請A轉身面向B，說出B身上改變的三個地方。

4▶ 提醒做出較不明顯的改變，盡量使對方猜不出來。

5 兩兩一組，進行步驟2至4，若時間允許，可互換角色，重複進行遊戲。

5▶ 請A說出B改變前後的差異。

6 分享如何觀察並覺察細節的變化，也可分享如何進行創意的改變。
「有哪些地方你猜不到？為什麼？」
「在觀察的過程中，你覺得需要注意什麼？」

6▶ 猜對可給予獎勵，如B幫A按摩等。

1 以人為單位，作為觀察的部位。如五人成一排，變化排隊的位置，其餘學生
  觀察變化前後排隊位置的差異，如本來是ABCDE，改位置後變成CDAEB。
2 請五位學生互換身上的配件或造型，其他人須觀察這五位改變前後的變化。
3 觀察學生的動作或排列位置的變化，如邀請五位學生上台作出動作並排列隊
  形，先請大家觀察這些動作及隊形，接著，再請台上五位學生變更五個地方的
  動作或隊形，再請大家觀察改變動作、隊形前後的差異。

中 視 覺
感2-1 眼神殺手

教學目標	1.以傳遞眼神的方式增進觀察力和專注力。 2.透過視覺方式覺察周遭變化發展團體默契。
教學準備	鈴鼓。

**定點
全體同時**

◆ **教學流程**

1 全班圍成圈，練習以目光接觸或對彼此眨眼的動作，細節請參考活動「眼神專注練習」。

2 說明圈內有一名殺手，會以眼神殺人（用力眨眼睛），被殺者（收到眼神訊息者）就會當場暴斃。

3 全體一齊練習被殺時，「戲劇性死亡」的動作與聲音。
「如果你被殺掉，會發出什麼聲音才死？動作呢，會躺在地上還是跪著？」
「當我拍一下鈴鼓的時候，請你死掉。」

4 請一位自願者當偵探暫離圓圈的範圍，接著指定圈中的一位學生當殺手。
「偵探請你先到走廊上，不可以偷看喔！」
「被我摸到頭的人，你就是殺手，大家都有看到，不可以說出來喔！」

5 邀請偵探重回圓圈中找出兇手，且說明偵探有三次猜測的機會，找不出，則更換偵探及殺手。

6 分享偵探如何察覺殺手的祕訣及大家如何接收殺手的眼神訊息。
「為什麼會猜到殺手是誰？怎樣研判的？」
「你怎麼知道你被殺手盯上？」

◆ **教學小提醒**

1▶ 彼此間盡量保持一定距離。

2▶ 也可不用「暴斃」這詞，可使用較和緩的用詞，如「昏倒」。

3▶ 注意安全，死掉的瞬間不會與他人相撞。

▶ 也可用〝數數〞技巧，從1數到10，練習被殺的動作和聲音，越誇張越有戲劇感和趣味性越佳。

5▶ 鼓勵偵探保持冷靜，留意被殺者的相對方向。

6▶ 偵探可隨意走動，無論圈外或圈內皆可以。

◆ **教學延伸**

可請殺手透過握手過程中，「摳」手掌心殺人。

感2-2 布，不只是布

教學目標	1.增進視覺感官的敏銳度。 2.運用視覺素材增進想像轉化的能力。
教學準備	鈴鼓、可引發想像的物件（如布、椅子、繩子、臉盆等較為中性的材料）。

**定點
小組同時**

◆ **教學流程**

1　全班圍成圈，將一塊布（或方巾）放在圈中。

2　討論「布」除了當布，還可以把它當成什麼來使用。如：把布折成方形，夾在腋下就可以變成包袱；或放在懷抱中拍一拍就變成一個嬰兒。
「猜猜看，老師現在在做什麼？現在布變成什麼東西？」
「知道的人請舉手回答喔！」

3　邀請自願者出來，拿起圈中的布，將布轉換成其他用途，做出與用途有關的默劇動作。如：第一位自願者出來，把「布」拿在手上抖動，想像它是舞動的波浪。或如：第二位自願者出來，把「布」捲成長條狀，想像它是演唱會中立起來的麥克風，用腳將布條的一邊踩著，另一邊則對它唱歌。
「注意看，現在布變成什麼形狀？」
「那個人現在在做什麼事？」

4　7～8人一組並圍成圈，每組中央放置一個物件，如一根棍子、一把椅子、一條繩子、一個臉盆、一顆彈力球等。

5　小組成員輪流在圈中，運用物件做出動作。當做動作的人做完後，須等小組成員猜出物件是什麼，才能換下一位到圈中做動作。

6　分享各組的創作，討論「想像」的重要性。

◆ **教學小提醒**

1▶ 強調物件的使用以幫助想像。

2▶ 有時老師可以做示範，增加挑戰性，讓學生猜一猜。

3▶ 可請自願者示範做出動作，由其他人根據動作來猜測這物件是什麼。
▶ 透過猜測，可增加活動的趣味性。

4▶ 每組一個物件即可。
▶ 想像不一定要接近真實，建議進行此類活動時，能小心回應學生的創意。

高 視 覺
感3-1 猜領袖

教學目標	1.以動作模仿的方式增進觀察力和專注力。 2.透過視覺方式覺察周遭變化以發展團體默契。
教學準備	鈴鼓。

定點 全體同時

◆ 教學流程

1 全體圍成圈,老師站在圈上。

2 示範在原地跟隨老師做動作。
「當我做動作的時候,請大家跟著我做。注意看喔!動作要跟我一樣。很好!做動作的時候,眼睛不一定要一直盯著我,用你的眼角餘光看一下!」

3 邀請一位自願者扮演偵探,先暫時離開活動範圍或轉身背對大家,再邀請一位自願者扮演領袖,由領袖負責帶領大家做動作。

4 全體同時模仿領袖的動作後,再請偵探回到圓圈中尋找領袖,共有三次的機會。
「領袖你可以開始動作了!確定你的動作大家都跟得上,如果跟不上盡量放慢你動作的速度,很好!慢慢地…其他人在做動作時,不需要一直盯著領袖。現在請偵探轉身進入……。」

5 分享尋找領袖或跟隨領袖的過程。
「如何精確找出領袖?」
「當你在跟隨領袖動作的時候,遇到什麼困難?」
「領袖帶動作時,有什麼獨特的方式可以不被發現?」

◆ 教學小提醒

2 ▶ 活動帶領方式可參考【肢1-7鏡子1】。

4 ▶ 放慢動作速度可增加此活動的挑戰性。
▶ 確定大家都跟上領袖的動作後,才請偵探進入。
▶ 提醒變換動作,從變換動作中幫助偵探猜領袖。

5 ▶ 分享後,可重複進行多次。

◆ 教學延伸

1 領袖改以拍掌製造聲音的方式進行,如做出「拍手」、「拍腳」的動作等。
2 分組進行上述活動,各組皆有領袖與偵探各一位。

感3-2 變身派對

教學目標	1.增進視覺感官的敏銳度。 2.運用視覺素材來創造角色與情境。
教學準備	鈴鼓及布、柺杖、圍巾、夾子、毛根、橡皮筋、繩子、金銀錫箔紙、回收的水果網套、垃圾袋、膠帶、剪刀等，可用以作造型的材料。

定點 小組輪流

◆ **教學流程**

1 介紹數樣素材，如布、柺杖、圍巾、夾子等，討論可以用這些物件做什麼樣的裝扮。

2 邀請一位自願者擔任「模特兒」，由老師擔任「造型師」，示範利用上述物件幫「模特兒」進行裝扮。

3 討論「模特兒」裝扮後看起來像是什麼樣的角色，為其命名並一同幫角色創造三個屬於他的定格動作，討論內容可參考如下：
T：「裝扮後看起來像什麼？」S：「巫婆。」
T：「〝巫婆〞可能會做些什麼事？」S：「騎掃把。」
T：「還會做什麼？」S：「攪拌毒藥。」
（討論三個巫婆的動作，並請模特兒做出定格的動作）

4 5至6人一組，小組中選出一位模特兒被裝扮，其他成員再一同討論角色與動作。
「你們可以先決定角色，如廚師、新娘子、日本武士等，或先裝扮後再幫角色命名。」

5 輪流分享分組的創作並解釋角色的特色。

6 從步驟5中挑選一組做為示範組，發展故事。

◆ **教學小提醒**

1 ▶ 若欲發展學生對於物件的想像力，建議參考活動【感2-2布，不只是布】。

2 ▶ 老師可先設定好示範裝扮的主題，如巫婆。

4 ▶ 進行裝扮時，可限制物件裝扮的數量，如3至4項即可。
▶ 可先設定角色再進行裝扮，或進行裝扮後再幫角色命名。

7 討論以示範組角色為主的故事情節與其他角色，運用一一加入的方式，最後形成一張靜止的照片，如新娘子歡喜結婚照片。

T：「她是新娘子，新娘子應該會在〝哪裡〞？」

S：「教堂。」

T：「她在〝做什麼〞？」

S：「等新郎來。」（請新娘先做出等待的動作）

T：「還有〝哪些人〞會在這個地方？」

S：「觀禮的人」、「新娘家人」、「親戚朋友」。

T：「這些人都在〝做些什麼〞？」

S：「有一個人準備新郎進場就拉炮」（請一位自願者出來做拉炮的動作）

S：「新娘媽媽很開心女兒要嫁，但是也很難過女兒嫁人。」（請一位自願者出來扮演新娘媽媽，在禮堂的某處做拭淚的動作）

（討論後，請全部出來的角色做動作並定格成為一張具豐富情節的照片）

8 依據步驟6及7，分組討論小組角色的故事情節與其他角色，發展出一張〝靜像畫面〞。

9 分組輪流分享靜像畫面，分享時，老師可輕觸學生的肩膀，請角色說出內心的想法或當下的感覺。

7 ▶ 將畫面靜止即為〝靜像畫面〞技巧。

▶ 可以「人」、「事」、「地」、「時」、「物」等相關問題進行引導。

▶ 注意人物、事件出現的合理性。

8 ▶ 建議小組成員都要進入畫面中。

▶ 若活動進行流暢，可使小組其他成員也適時進行裝扮，讓畫面更生動。

9 ▶ 輕觸肩膀，請角色說出內心的想法為〝思想軌跡〞技巧，需要扮演者以角色的身份說話。

◆ 教學延伸

將故事轉化為三張〝靜像畫面〞，發展成具有開始、中間、結束的〝三格漫畫〞。也可啟動畫面，以即興創作的方式呈現。

聽　覺

初 聽 覺
感1-3 看門狗

教學目標
1. 分辨聲音來源，加強聽覺感官的敏銳度。
2. 以遊戲方式建立團體默契。

教學準備 鈴鼓、眼罩、衛生紙。

定點
個別輪流

◆ 教學流程

1. 全體圍成圈，邀請一位自願者坐在圓圈中，扮演一隻眼睛看不見的看門狗，看守家中寶物（請看門狗戴上眼罩，並在狗前面放置一個鈴鼓）。

2. 說明看門狗的任務就是要保護寶物（鈴鼓）不被小偷偷走，而小偷就是圈上的任何一人扮演。
「到了晚上，小偷會趁大家睡著時，出來偷寶物，圈上的人被老師摸到頭，才能變成小偷，小心地走到中間偷寶物。」

3. 說明看門狗具有神奇的魔力，雖然眼盲但心不盲，聽到小偷的聲音，就可以用爪子殺掉小偷。
「當你聽到聲音時，請你用你的狗爪指出發出聲音的方向，被指到的小偷就被殺掉，任務失敗後坐回自己的位置上，之後，我會請下一位小偷出來偷寶物。」
「看門狗不能隨便用魔力殺人，要真的聽到聲音才能殺小偷。」
「小偷被殺掉就要回到自己的位置。」

4. 邀請一位小偷跟看門狗進行練習。

5. 待看門狗瞭解自己的能力與責任後，即可連續進行活動，邀請不同的小偷偷寶物。

6. 分享扮演看門狗的感覺，討論小偷要如何做才能順利偷到寶物而不被看門狗發現。

◆ 教學小提醒

1. ▶ 為培養衛生習慣，可多準備一些眼罩或在眼罩中加入衛生紙。

3. ▶ 適時提醒他人要保持安靜。
   ▶ 提醒看門狗要明確指出小偷。

◆ 教學延伸

增加偷鈴鼓的人數，或增加看門狗的數量。

感 I-4 軍隊行進

教學目標	1.提高聽覺感官的敏銳度。 2.透過不同的手鼓節奏，創造簡單的情節。
教學準備	鈴鼓、鼓棒、其他種類的打擊樂器。

移動 全體同時

◆ 教學流程

◆ 教學小提醒

1 拿出手鼓，敲出一連串固定的拍子：♩-♩-，♪♪♪ -。討論聽起來的感覺。
「請大家閉上眼睛，聽聽看，這個拍子聽起來像什麼樣的人物在走路？」
「你們覺得他怎麼走路的？」

1 ▶ 第一組節奏。
▶ 也可運用其他的樂器如撞鐘、響板、三角鐵、鈴鼓等不同的聲音引發想像。

2 延續前一討論，選擇一人物，如士兵，邀請大家一起配合拍子練習行走的方式，重複練習數次。
「你們現在是士兵，正準備前往戰場。」
（敲固定拍♩-♩-，♪♪♪-）

2 ▶ 強而有力地敲，如雄赳赳的士兵正要上戰場。

3 拿出手鼓，敲出「強弱分明」的拍子：♪♪（強／弱）♪♪（強／弱）。討論拍子的感覺並練習之。
「這個聲音像什麼？是什麼人在走路？」
「你們現在是獨腳士兵，走得好累，越來越累，越來越累，快走不動了！」

3 ▶ 第二組節奏。

▶ 越拍越慢，最後拍子逐漸消失。

4 拿出手鼓，敲出「緊急連續」的拍子：♫♫♫♫。討論拍子的感覺並練習之。
「這聲音聽起來要發生什麼事情？發生在誰的身上？」
「打仗了！」
「打仗時要做什麼事？請你邊聽拍子邊做出動作。」
「忽然之間，這些士兵遇到了敵軍要開始打仗了。每個人準備打仗的裝備！」

4 ▶ 第三組節奏。

▶ 拍子速度越來越快，聲音越來越大聲，最後忽然停止。

5 拿出手鼓，敲出「緩慢穩定」的拍子：
　　♩--- ♩---。討論拍子的感覺並練習之。
　　「打完仗後，有什麼後果？要做什麼處理？」

6 綜合四組拍子，將討論的人物及動作做串連，請
　全體學生依據連續的四組拍子做出默劇情節。

7 分享扮演士兵的感覺，討論其他情節發生的可能
　性。

5 ▶ 第四組節奏。

　▶ 持續以穩定而緩慢的速度敲
　　鼓，直至結束停止敲打。

◆ 教學延伸 ———————————————————●

1 同樣的節奏應用於不同的班級，會創造出「森林動物」、「小偷」等不同的戲
　劇情境。

2 可用不同的打擊樂器進行節奏的想像，參考活動【感2-4 馬戲團狂想曲】。

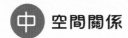

肢2-11 地點建構

教學目標	1. 透過肢體動作探索空間中不同位置。 2. 配合情境做出相關的默劇動作。
教學準備	鈴鼓、彩色膠帶或地墊 （用來規劃空間範圍）。

**定點
小組輪流**

◆ **教學流程**

1 事先規劃兩個區域範圍(A與B區)，先以其中一區(A)做活動示範。

2 A區給予一特定地點，如遊樂場，引導練習運用肢體動作變成遊樂場中的物件，然後逐一到規劃好的空間內定格，最後完成遊樂場的內容。
例如：遊樂場中的溜滑梯，可請兩個人用肢體組合出滑梯及樓梯。

3 將全班分為兩大組，給予同一地點，如房間；兩組分別到A與B區，在各區中討論並合作發展出不同的房間內容。

4 兩組給予不同的地點，如客廳與廚房，兩組分別到A(客廳)與B(廚房)區中，討論並合作發展出不同的內容。

5 延續步驟4，請B區小組先休息，並扮演客人，進入A區的客廳操作。完成後，換A區小組當客人，去B區廚房用餐。
「客人從客廳門口進入，坐坐沙發、看看電視吧！太熱了，打開電風扇涼一下。」

6 討論分享物件出現及擺放地點的合宜性。
「哪個物件你認為在廚房中出現是不妥的，為什麼？」

◆ **教學小提醒**

1 ▶ 用彩色膠帶或電光膠帶黏貼地板。

2 ▶ 進行方式可參考活動
【肢1-11 遊樂場好好玩】。

3 ▶ 小組全體須運用身體合作建構廁所。

5 ▶ 適時提醒客人溫柔對待物件。
▶ 一次可開放幾個名額，不宜太多。

肢3-7 鏡子3

教學目標	1. 培養對他人及自己身體的覺察力。 2. 配合主題練習自己與他人在空間中相對位置的變化。
教學準備	鈴鼓、彩色膠帶。

定點 雙人同時

◆ 教學流程

◆ 教學小提醒

1　討論起床後的相關動作，並邀請幾位自願者示範，如：刷牙、洗臉、漱口、上廁所、換衣服、折棉被等。

1▶ 可先進行活動【肢2-7 鏡子2】，熟悉規則。

2　邀請一位自願者上台，由老師先當主人，自願者當鏡子，主人在定點做一系列早上起床會做的連續動作，鏡子就在前面模仿做動作。

3　針對剛剛看到的示範，進行討論，如討論主人做了些什麼動作，鏡子是否能夠模仿等。
「主人可以怎麼做，才能讓鏡子跟上他的動作？」
「主人還可以做哪些動作？」

3▶ 請主人放慢速度、加大動作。

4　邀請兩位自願者再次示範，並討論其中的動作和問題，如動作不要一直重複刷牙、可以多些變化等。

5　將全班分成兩大部分(A、B)，A組先進行活動，B組在旁觀察。

5▶ 須注意安全，留意空間是否足夠進行活動。

6　A組站成兩排，前後左右取恰當的活動間距，一排當主人面對鏡子，一排當鏡子在主人的前面。

6▶ 若有需要，可設計問題給觀察組，使其能更認真觀察他人的表現。

7　音樂開始時，請主人配合節奏(流暢慢速)做動作，鏡子跟著主人同時做動作，直到音樂結束才停止。

8　A、B組交換角色進行上述活動(A組變成觀眾)。

9　分享參與活動的發現和感受。

肢3-8 忽近忽遠

教學目標	1. 探索兩人在空間中移動的相對關係。 2. 提升個體在空間移動的敏銳度與觀察力。
教學準備	鈴鼓。

移動 雙人同時

◆ **教學流程**

1 全體在空間中自由走動，依照指令，練習「走」與「停」。

2 邀請一位自願者做示範，老師與自願者（目標）保持約一步之最「近」距離，自願者（目標）走動，老師也隨之走動，但移動時，距離保持一步不變。

3 邀請全班練習「近距離移動」。請每人暗中選定一人當跟蹤的「目標」，並與其保持一步的距離。依指令在空間中跟隨目標移動。

「當老師說開始時，請你一面走動一面要用眼睛觀察你的目標，他往哪裡走，你要趕緊跟上，盡量和他維持最近的距離，小心不要被那個人發現！當我拍兩下鈴鼓，不論有沒有跟上，大家都要停止。」

4 討論分享跟隨的感覺與技巧。

5 再次邀請一位自願者做第二次的示範。老師與自願者（目標）保持固定五步「遠」距離，自願者（目標）走動，老師也隨之走動，但移動時，距離保持五步不變。

6 邀請全班練習「遠距離移動」。請每人暗中選定一人當跟蹤的「目標」，並與其保持五步的距離。依指令在空間中跟隨目標移動。

7 比較〝保持遠距離移動〞與〝近距離緊跟別人〞的感受。

「你如何跟你的目標保持距離？會有困難嗎？如何克服？」

◆ **教學小提醒**

1 ▶ 盡量在大空間進行，如果人數過多或空間過小，建議採分組進行。

3 ▶ 不需要告知大家目標是誰。
  ▶ 鼓勵一面行走，一面運用視線餘光覺察目標的位置。
  ▶ 避免奔跑，注意安全。

129

4
肢體動作

高 空間關係

肢3-9 氣球冒險3

移動
小組輪流

教學目標	1.練習小組的合作性動作。 2.發揮小組創意，發展氣球冒險故事。
教學準備	鈴鼓、音樂。

◆ 教學流程 ──────────────── ◆ 教學小提醒 ────────

1 5至6人一組，從1數到10，小組合作練習氣球充氣、消氣、爆破的情形。

2 回顧氣球冒險的經歷，討論並重新創作氣球的冒險故事。可詢問下列問題：
「開始的時候，氣球出發遇到什麼東西？它怎麼辦？」
「如果是你的氣球，你覺得會碰到什麼東西呢？要怎麼解決？」
「後來，它還遇到什麼事？飛的方式怎麼改變？」
「如果是你的氣球，碰到什麼事情會影響你飛的方法？」
「你覺得哪裡是最恐怖的地方？氣球會怎樣？」
「最後，氣球發生什麼事？你要怎麼結束這個故事？」

3 分組依據上述討論，發展不同的故事後，將之切成起承轉合四個段落。

4 分組運用肢體練習故事的起承轉合等四個情節的靜止畫面（如照片般將故事停格在某一片段，故事中的人物角色皆停在動作上）。

5 小組輪流分享剛剛練習的四張照片，請其他小組一齊猜測所發生的情節。

6 分享在切割故事上所遇到的困難，並一齊討論解決之道。

1▶ 細節可參考活動【肢1-9氣球冒險1】。

2▶ 氣球冒險經歷可參考活動【肢2-9氣球冒險2】。

▶ 可用筆紙把討論的過程寫下來或畫下來。

4▶ 靜止畫面即為〝靜像畫面〞。

▶ 起承轉合彷如故事的開始、接續、高潮、結束等四個段落。

高 空間關係

肢3-10 形狀魔咒3

教學目標	1.以小組合作方式，運用肢體創作幾何形狀。 2.運用默劇動作，呈現完整的故事情節。
教學準備	鈴鼓、巫婆帽、魔法杖、音樂。

移動
全體同時

◆ **教學流程**　　　　　　　　　　　　　　　◆ **教學小提醒**

1 引入魔幻森林的故事。故事大綱如下：
「大家進入魔幻森林，森林中已經有很多不同形狀的餅乾，都是之前被巫婆魔咒變的。」
「你們必須經過森林回家，當巫婆醒來，你必須假裝成已經被巫婆變成形狀的那些餅乾；趁巫婆睡著時才能繼續往前行！」

1 ▶ 延續活動【肢2-10形狀魔咒2】。

2 引入新的故事情節：樹精靈給予了大家魔力，只要做跟餅乾一模一樣的動作，就可以救這些形狀餅乾，帶他們一齊回家。

2 ▶ 增加難度，但仍要小心，不能被巫婆發現了。
▶ 做一模一樣的動作，跟「鏡子」有異曲同工之處。

3 規劃空間，將教室設定成森林區及巫婆家兩區塊，並說明森林的入口與出口處，大家須從入口進入森林，被解救後須從出口出去才解除魔咒。

4 全班分成兩大組，一組為已經被巫婆施咒的形狀餅乾，須進入森林區扮演形狀餅乾；一組為受到樹精靈幫助具有魔力的小朋友，須從入口進去森林解救餅乾，之後，帶著被救的餅乾一齊從出口出去。

5 說明老師戴上帽子就會變成巫婆，當巫婆從家裡走出來，大家就要定格變成不同的形狀。

5 ▶ 運用可戴／脫帽子的動作，作為進／出角色的訊號。

6 老師一面敘述一面扮演巫婆，並帶領大家呈現故事。

6 ▶ 可搭配較具魔幻感覺的音樂。

「從前有一個魔幻森林，森林中有不同的形狀餅乾，這些中了魔咒的小朋友很害怕，不知道該怎麼辦？……巫婆睡覺後（老師脫下帽子），樹精靈偷偷地給森林外的小朋友魔力，讓他們潛入森林中，一一解救餅乾，小心！巫婆出來了（老師戴上帽子），奇怪，怎麼覺得餅乾變多了，是錯覺吧！巫婆進入森林一一巡視有無異狀，就又回去家裡睡覺（脫下帽子），小朋友又開始一個個被救出來，一個個逃到出口。」

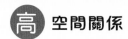

高 空間關係

肢3-11 平衡舞台

教學目標	1.練習調整舞台空間的均衡性。 2.以肢體動作來表現空間中的均衡位置。
教學準備	鈴鼓、有色膠帶或地墊（規劃區域用）。

**定點
個別輪流**

◆ **教學流程**　　　　　　　　　　　　　　　　　　　◆ **教學小提醒**

1　運用膠帶或地墊，在空間中規劃出一塊能夠容納
　　8到10人活動的舞台區。

2　說明此空間即是舞台，先請一位自願者上台，在
　　舞台區中選一個定點做出定格動作，接著請第二
　　位自願者上台，依據第一位的位置和動作，做出
　　使畫面均衡的動作。

3　重複步驟2，持續邀請5至6位自願者逐一進入舞　　**3▶** 可適時停下進行討論後再繼
　　台空間，使整體舞台畫面都能保持平衡狀態，如　　　　續。
　　對稱、均衡等。

4　邀請台下自願者，上台調整舞台上任何人的位置
　　或姿勢，改善整體畫面的均衡性。
　　「觀察一下，這畫面哪裡讓你覺得怪怪的，好像
　　大家偏向某一邊。如果是這樣，你要怎麼調整
　　呢？」

5　討論分享平衡舞台的原則，如前後、左右、高低
　　相對位置的對稱性。

◆ **教學延伸**

　　若空間允許，可將全班分成數組並圍圈，每組學生依逆時鐘方向編號，如1、2
、3…等，隨著老師喊出的號碼，逐一進入小組圈中進行平衡舞台的活動。

韻律動作

肢1-12 溜冰樂

教學目標	1.配合音樂節奏練習流暢性的位移動作。 2.透過合作引發肢體創意。
教學準備	鈴鼓、具圓滑性的音樂、有關溜冰的影片。

**移動
小組輪流**

◆ 教學流程

1 討論溜冰的各種動作與舞姿，如滑行、旋轉、跳躍等，並邀請自願者出來示範。

2 全體假裝穿上溜冰鞋，分組練習不同的溜冰動作。
「大家都是溜冰高手，請你從這邊滑行到教室的另外一邊。」
「真是太厲害了，現在要請大家滑行到一半的時候，做兩個旋轉，然後滑行回來。」

3 分組決定固定的溜冰動作並練習，如第一組做滑行動作、第二組做旋轉動作等。

4 加入簡單情境，老師扮演體育台播報員，邀請各組輪流至場中表現小組的溜冰技巧。

5 討論分享不同流暢性動作的差異。

◆ 教學小提醒

1 ▶ 可事先觀賞有關溜冰的影片，如卡通「幻想曲」。
▶ 國內學生較無此經驗，建議可先套上襪子感受流暢性的感覺。

2 ▶ 建議練習時，採分組的方式進行，以免發生危險。

4 ▶ 建議播報時可加入音樂，增強情境氛圍。

◆ 教學延伸

1 小組合作編排簡短的花式溜冰。
2 參考活動【肢**2-12** 花式溜冰大賽】。

初 韻律動作

肢1-13　機器人動一動

教學目標	1. 增進自我肢體控制能力。 2. 配合音樂節奏練習僵硬的機械動作。
教學準備	鈴鼓、具強烈節奏的音樂、機器人玩具。

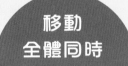

移動
全體同時

◆ **教學流程**

1　介紹機器人玩具並引導觀察機器人走路的動作。

2　討論機器人動作的特色，如動作有力、動作停頓不流暢等。

「你覺得機器人走路跟我們人類走路有什麼不一樣？」

「機器人走路很僵硬，那手呢？會怎麼動？頭呢？」

3　全體變成機器人，逐一練習各部位的機械動作，如頭、手、肩膀、腰、腳等。

「你現在是機器人，請你動動頭，動動手，跟我揮揮手。」

「機器人的肩膀停了一隻蒼蠅，快，動動肩膀，讓蒼蠅飛走，用力…再用力，蒼蠅快飛走了。」

4　接續上述練習，給予一個主題動作，如機器人吃飯、做家事等，邀請自願者上台示範。

5　如時間允許，可邀請自願者自行決定一主題，做出機器人動作後，請其他人猜測在做什麼事。

◆ **教學小提醒**

1▶ 提供實際會走路的機器人玩具供觀察。

3▶ 可搭配強烈節奏的音樂進行。

◆ **教學延伸**

可小組合作完成機器動作，參考活動【肢**2-13** 汽車工廠】。

初 韻律動作

肢1-14　隱形球1

教學目標	1. 運用想像，隨著節奏進行球類活動。 2. 發展自己身體與方向的覺察力。
教學準備	鈴鼓、音樂、具強烈節奏的音樂。

移動
全體同時

◆ 教學流程

1 討論並在定點練習拍球的動作。
「想像你手中有一顆球，請你專心用眼睛看著球在你面前跳動，試試看，你要怎樣拍球，球才不會掉？」

2 全體跟隨指令，一齊練習固定的拍球方向，如前、後、左、右等。
「試試看，在前面拍球，後面呢？可以嗎？小心，不要讓球跑掉了。右邊也拍球，左邊也拍球，將球慢慢地拍到你的前面，接住！」

3 依上述練習，個別配合音樂節奏綜合發展不同方向的拍球方式。

4 討論分享影響成功拍球的關鍵，如力道、速度等。

◆ 教學小提醒

1 ▶ 可先提供真正的球練習後，再嘗試拍隱形球。

2 ▶ 可利用打擊樂器或音樂，給予學生固定節奏。
▶ 若人數多，可分組進行。

◆ 教學延伸

1 練習不同「大、小、快、慢」的拍球方式。

2 可兩人一組進行球類運動，參考活動【肢2-14 隱形球2】。

中 韻律動作

肢2-12　花式溜冰大賽

教學目標	1. 配合音樂節奏練習流暢性的位移動作。 2. 透過合作引發肢體創意。
教學準備	鈴鼓、流暢性音樂、麥克風。

移動
小組輪流

◆ **教學流程**

1 引導練習溜冰的動作，並引入情境—溜冰，練習扮演溜冰選手在溜冰。

「我們將要舉辦一場溜冰大賽，你們都是參加比賽的選手，而我是裁判…。」

2 將全班分為四組，並將小組命名，如冠軍隊、野獸隊。

3 請四組學生共同聆聽一段音樂，分組依照音樂編排、整合兩到三種流暢性的動作。

4 說明比賽規則，並請沒有比賽的小隊在位置上欣賞他隊的演出，不然就要取消比賽資格。

5 輪流請小隊出場，配合音樂進行比賽，老師在一旁當播報員，播報選手的各項溜冰動作。

◆ **教學小提醒**

1 ▶ 溜冰動作的練習請參考活動【肢1-12溜冰樂】。

3 ▶ 可提醒加入隊形的變化。

4 ▶ 適時提醒學生保持動作的流暢性。

◆ **教學延伸**

除流暢性的位移動作外，尚可練習不同的位移動作，如走、跑、踏、跳等。

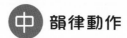

肢2-13　汽車工廠

教學目標	1. 運用身體部位創造生活中的物件。 2. 發展個人與他人肢體動作的合作關係。
教學準備	鈴鼓。

**定點
個別輪流**

◆ **教學流程**　　　　　　　　　　　　　　　　◆ **教學小提醒**

1 運用圖片討論汽車的各部位及零件構造、功能或
組成位置。
「汽車有哪些主要的部位？」
（駕駛座、方向盤、雨刷、車燈等）
「駕駛座上有什麼東西呢？」
「雨刷在哪個地方？怎麼動？」

2 邊討論邊邀請大家運用肢體做出不同汽車部位。　　2▶ 建議接續的人要依據前一位
的動作做出下一個零件。

3 邀請自願者上台，示範如何組合成一台汽車。

4 第一位做出一個汽車部位後，第二位要接續第一
位做出第二個部位，以此類推，直至完成為止。

5 將全班分為數組，每組約為6～8人，每組每個人　　5▶ 可運用順時針或逆時針報數
皆須有序號，如1234至8號。　　　　　　　　　　的方式排序。

6 仍以汽車為主題，請每組圍成圈後，每組的1號
到圈中做出定格動作，每組2號接續1號的動作做
出定格，直至全組完成一台汽車。

7 邀請各組分享自己的汽車（可加上聲音和動作）

8 討論還有哪些物件可以拆解與組合，如腳踏車、　　8▶ 討論出來的物件要能夠由
電風扇、果汁機等。　　　　　　　　　　　　　　6-8個零件來組成。

9 請每組決定要進行的物件名稱。　　　　　　　　　9▶ 也可將不同的物件名稱寫在
　　　　　　　　　　　　　　　　　　　　　　　　紙上，分組抽籤決定。

10 各組依序進行後，其他組猜測組成的物件名稱。

11 分享猜對的原因，有什麼特色或指引方向。

◆ **教學延伸**

1 可將物件改為「事件」，以種植為例，1號做出種花動作、2號施肥、3號澆水等。

2 可將物件改為「職業」，以醫療為例，1號做出洗手動作、2號扮演護士幫醫生
戴上手套、3號扮演病人張大嘴巴看病等。

中 韻律動作

肢2-14　隱形球2

移動
雙人同時

教學目標	1.運用想像，隨著節奏進行球類活動。 2.覺察空間中自己與他人的相關位置， 　如遠近、前後、高低等。
教學準備	鈴鼓、輕快節奏的音樂。

◆ **教學流程**

1　分享自己喜歡的球類運動，邀請自願者上台表現不同的打球動作。例如：打躲避球時，有的人會做出閃球的動作，有的做出攻擊或傳球的動作。

2　兩人一組，先選擇一項兩人即可以完成的球類活動，如羽毛球、棒球、排球等。

3　兩人分兩排站在教室兩端，以慢動作的方式練習選擇的球類運動。

　「注意看他丟的方向，你應該往哪個方向接球？」

　「唉呀！沒接到，快撿起來繼續！」

4　可配合音樂，練習打球動作，老師在一旁適時提醒注意空間中自己與他人的相關位置，如遠近、前後、高低等。

◆ **教學小提醒**

1▶ 可以請學生猜測是什麼球類活動。

3▶ 提醒學生依據不同球類的重量及大小做動作。

▶ 如有漏接的情形，建議提醒須撿回後繼續。

◆ **教學延伸**

　可配合情境，如大聯盟賽事中的王建民，分組發展球類故事情節，參考活動【肢**3-14** 隱形球**3**】。

肢3-12　神奇舞鞋

教學目標	1.配合節奏練習位移動作。 2.發展創意性的肢體動作。
教學準備	鈴鼓、運動鞋。

移動 小組輪流

◆ 教學流程

◆ 教學小提醒

1 展示一雙鞋，如運動鞋，討論穿上運動鞋後的動作。

2 引導討論，並一齊在原地練習穿上運動鞋後可能做的動作或走路的樣子。
「你現在穿上運動鞋，你會怎麼動？」

3 將全班分成三組，坐成ㄇ字形，各組決定一種鞋子的類型，如芭蕾舞鞋、機器人鞋、警察鞋等，分組討論與練習穿上鞋子的動作。

4 播放音樂，分組輪流在ㄇ字形的中間，呈現出穿上鞋子後可能的動作或舞步。

5 分享討論扮演鞋子的想法。

1▶ 可盡量尋找穿上後有特別感覺的鞋子，如芭蕾舞鞋。

5▶ 當各組輪流分享時，也可用鈴鼓敲打出的各式節奏，取代音樂，如跳舞鞋出來時，可輕點鼓面；機器人鞋出來時，可重拍鈴鼓；警察鞋出來時，可以快拍鈴鼓。

◆ 教學延伸

亦可透過不同類型的音樂，來決定是什麼樣的鞋子，進行分組練習與呈現。

高 韻律動作

肢3-13 零件總動員

教學目標	1. 運用身體部位創造出想像的機器。 2. 配合固定的韻律發展個人與他人肢體動作的合作關係。
教學準備	鈴鼓、具節奏性高的音樂、機器與零件的圖片。

定點 個別輪流

◆ 教學流程

1 介紹「機器與零件」相關圖片,並討論零件運作的特性,如重複性、具有規律的動作等。

2 邀請一位自願者到空間定點做出規律性的動作。
「想像自己是機器的一部分,重複地做著某一個動作!」

3 再請第二位自願者延續前一位的動作,發展另一規律性動作。
「下一個進入的人,當你看到這個機器的模樣,請你想像它可能是做什麼用的,自己找一個地方再接續下去,但可以不要相連,而且可以是動態的,不一定要在原地點,只要保持規律的節奏即可。」

4 接續上一個引導,逐一加入3〜5位自願者,做出不同的動作,直到完成完整機器為止。

5 請大家發表對此機器的看法,如功能、名稱等。

6 5至6人一組圍圈坐下,依逆時鐘方向報數與編號。

7 每組同時依據順序,如1號、2號等,依照步驟2〜4,逐一到小組圈中做出規律性動作。

8 分享討論小組創造的機器。

◆ 教學小提醒

1 ► 亦可用相關繪本引發動作。

3 ► 適時提醒保持動作的重複性。

7 ► 可配合具節奏性音樂。

◆ 教學延伸

可邊做邊自己做音效。

中 聽 覺
感2-3 盲人與狗

教學目標	1.分辨不同樂器的聲音來源,加強聽覺感官的敏銳度。 2.以遊戲方式建立合作默契和信任感。
教學準備	鈴鼓、各式樂器、不同觸感的物件或 各色積木、眼罩。

移動
小組同時

◆ **教學流程**

1 事先準備三種不同顏色的積木,每組的代表色皆不同,如紅、黃、藍色。

2 將三種顏色的積木四散在空間中。

3 邀請一位自願者戴上眼罩扮演「盲人」,老師拿樂器扮演「導盲人」,透過樂器的持續敲打,指引盲人從起點走到空間中,拿回積木。

4 討論如何運用敲打的方式,蹲下拿取積木。
「剛剛敲打的時候,盲人一直跟著聲音在走,可是到了積木附近,發生了什麼事情?」
「要怎樣讓盲人知道積木在地上,可以蹲下來撿?」
「敲不同的節奏、在盲人的耳朵旁邊慢慢敲下來,這些方法都很好,等下大家可以試試看。」

5 將全班分成三組,每組排兩排。

6 每組每排先確定盲人與導盲人角色。

7 小組競賽,「盲人」戴上眼罩,導盲人持續敲打樂器指引盲人,走到定點並撿回一塊屬於自己小組的積木後(代表色),走回起點,並把樂器及眼罩交給同組另外兩人,重複前述遊戲,直到拾回全部的小組積木為止。

8 分享討論擔任導盲人和盲人的感受,聚焦在聽覺的引導上。

◆ **教學小提醒**

1 ▶ 也可用不同觸感或類型的積木。

3 ▶ 在敲打時,須強調都不使用言語。

4 ▶ 可讓小組自行決定要蹲下的暗號。

5 ▶ 參見下圖所示,盡量在空曠的教室中進行。

7 ▶ 每組建議挑選聲音差別大的樂器。
▶ 導盲人盡量在盲人附近敲擊樂器,漸漸引導至物件處。

第一組 第二組 第三組

中 聽 覺

感2-4 馬戲團狂想曲

教學目標	1.提高聽覺感官的敏銳度。 2.結合不同的樂器與節奏，創造具有起承轉合的故事。
教學準備	大鼓、高低木魚、響板、三角鐵等不同的打擊樂器。

**移動
全體同時**

◆ 教學流程

1 分享觀賞馬戲團表演的經驗，討論馬戲團中可能有的人物。
「有看過馬戲團表演嗎？在表演裡面，會出現哪些人物？」

2 拿出大鼓，敲出「緩慢穩定」的拍子。討論此節奏可以聯想出的馬戲團人物。
「這個節奏聽起來像是馬戲團中的什麼樣的人物或角色出現？」

3 全體配合「緩慢穩定」的拍子，練習人物出場動作。
「你們現在是大象，正在出場，速度不快，慢慢地、慢慢地，最後停了下來。」

4 拿出高低木魚，敲出「高低分明」的拍子。討論此節奏可以聯想出的馬戲團人物。
「請你們閉上眼睛，這個節奏聽起來像是馬戲團中的什麼樣的人物出現？」

5 全體配合「高低分明」的拍子，練習人物出場動作。
「小丑會做什麼事？」
「小丑現在要表演了，踩在大大的球上，小心⋯⋯不要掉下來了。」

6 拿出響板，拍出「緊急連續」的拍子。討論此節奏可以聯想出的馬戲團人物。
「聽聽看，這節奏出來的是什麼人物？」
「走鋼索嗎？還是獅子跳火圈！」

◆ 教學小提醒

1 ▶ 如果沒有，可事先讀相關的繪本，如《午夜馬戲團》（台英，1994）。

2 ▶ 從眾多討論中挑選出一角色，繼續練習。

3 ▶ 用緩慢穩定的固定節奏敲打，配合行進速度，重複敲打數次後，慢慢停止。

5 ▶ 用高低分明的固定節奏敲打，配合行進速度，重複敲打數次後，慢慢停止。

6 ▶ 如♫♫♫♫。

感2-4 馬戲團狂想曲

7 全體配合「緊急連續」的拍子,練習人物出場動作。

8 拿出三角鐵,敲出「清脆固定」的拍子。討論此節奏可以聯想出的馬戲團人物。
「聽聽這節奏,是什麼人物出現?他正在做什麼?」
「是高中飛人!還是猴子騎單車!」

9 全體配合「清脆固定」的拍子,練習人物出場動作。

10 全班分數組,每組挑選上述討論的一種節奏及角色。由老師扮演馬戲團團長主持節目,透過不同的樂器及節奏,輪流邀請各組繞場遊行或表演。

11 分享扮演馬戲團演出成員的感覺。

7▶ 用緊急連續的固定節奏敲打,配合行進速度,重複敲打數次後,慢慢停止。

10▶ 呈現前,全班可針對空間、角色與出場順序作簡短的討論。

◆ 教學延伸

也可配合不同音樂的旋律,創造不同的情節,參考活動【感3-4 音樂的聯想與變奏】。

高 聽覺

感3-3 飛機導航

教學目標	1.增進聽覺敏銳度。 2.培養團體默契與信任感。
教學準備	鈴鼓、眼罩、大小不同的物件， 如書包、衣服等。

**定點
全體同時**

◆ 教學流程

1 全班分成四組，排成一個矩形，分別坐在教室的四邊。

2 在矩形區域中，放置各種物件如書包、衣服等，設定終點與起點。

3 說明每隊負責一個方位（前、後、左、右），皆須負責聽從領航員的指揮，運用鼓掌的方式發出訊號，讓飛機聽從掌聲前進、後退或轉彎，以成功地避開所有障礙物，從起點安全地抵達終點。

「每隊都要一起鼓掌，掌聲越大聲代表越靠近終點了！」

「如果飛機要往你們小組的方向前進，小組就要拍手，其他小組不能拍手，不然會混淆飛機的前進方向」

「如果飛機快要撞到障礙物，要馬上停止拍手，讓飛機停下來。」

4 邀請一位自願者戴上眼罩扮演飛機，老師當領航員，示範指揮各小隊拍手發出導航訊號，讓飛機安全抵達終點。

5 邀請兩位不同的自願者扮演飛機及領航員進行活動。

6 討論分享讓飛機安全抵達的訣竅。

「請你分享一下，剛剛成功的祕訣是什麼？」

「其他人有觀察到什麼好方法嗎？」

◆ 教學延伸

可3～4人組成一架飛機。

◆ 教學小提醒

1 ▶ 如下圖所示。

2 ▶ 放置的障礙物盡量以柔軟物件為主，避免受傷。

3 ▶ 也可透過掌聲的大小聲，讓飛機知道即將接近終點，如掌聲越大表示越接近終點。

▶ 提醒飛機勿隨意轉飛行的面向，盡量聽從塔台的指令。

▶ 可不斷更換終點位置，讓每個面向的小隊都有機會拍手。

5 ▶ 將領航員的權力下放給學生。

高 聽 覺

感3-4 音樂的聯想與變奏

教學目標	1. 提高聽覺感官的敏銳度。 2. 結合不同的音樂旋律,創造具起承轉合的故事。
教學準備	以舒緩、輕快、沉重或激烈等不同風格的音樂,結合成具開始、承接、高潮、結束的音樂組曲。

**定點
小組輪流**

◆ 教學流程

1　事先準備四段具舒緩、輕快、沉重或激烈等不同風格的音樂。

2　全班分成四組,並圍圈。

3　播放第一段音樂。討論聽到音樂後的感覺、及想像音樂中可能出現的角色與戲劇情境。

「這個節奏聽起來像是在什麼地方?」(森林、沙漠、月球)

「誰要出現了?在做什麼事?」

4　小組討論並確定第一段音樂的地點、角色動作與情節後,運用肢體動作練習呈現。

5　播放第二段音樂。討論聽到音樂的感覺,想像角色接下來發生的事。

「聽起來有什麼感覺?是角色發生了什麼事?」

「聽起來像是這群人在做什麼事?」

「有可能出現其他人或角色嗎?」

6　小組討論並確定第二段音樂的情節後,運用肢體動作練習呈現。

7　播放第三段音樂。討論聽到音樂的感覺,想像角色遇到的衝突情境。

「發生什麼事情?怎麼覺得很緊急!」

8　小組討論並確定第三段音樂的情節後,運用肢體動作練習呈現。

◆ 教學小提醒

1▶　若要能引發具起承轉合的情節,建議四段音樂能有不同的節奏與風格。

3▶　確定場地會加速討論,也更聚焦。

5▶　出現不同的想法時,老師要幫忙抓住各組的主軸,依音樂的順序,協助各組情節的發展。

9 播放第四段音樂。討論聽到音樂的感覺，想像故
事的結局。
「這音樂給你什麼樣的感覺，最後故事的結局怎
麼了？」

10 小組討論並確定第四段音樂的情節後，運用肢體
動作練習呈現。

11 小組輪流呈現，配合音樂的旋律，以默劇方式演
出個別創造出的音樂故事。

11▶ 呈現前，可針對空間、角色
與出場順序作簡短的討論。

味嗅覺

初 味嗅覺

感1-5 聞一聞1

教學目標	1.回喚嗅覺感官的經驗。 2.運用默劇動作表現嗅覺的反應。
教學準備	鈴鼓、自製嗅覺瓶數個。

定點
全體同時

◆ 教學流程

1 先收集四種不同味道的瓶子,製作成嗅覺瓶。

2 全班分成四組,每組提供一種味道,如來自綠油精刺鼻的味道、香水的香味、糖果的甜味、檸檬的酸味、洗衣精的味道等,每組聞聞小組提供的味道。

3 小組討論對味道的感覺,並猜測瓶中味道的來源。

   如:刺鼻味道可能來自綠油精;酸味可能來自檸檬;甜甜的味道來自糖果……等。

4 分組輪流運用默劇動作,以臉部表情及動作,表現出對味道的反應。

   「聞到這味道(綠油精刺鼻的味道),你會有什麼反應,有什麼樣的表情,請你做做看?」

5 分組猜測味道是什麼後,小組交換味道,再次進行,直到課程結束。

6 分享小組自己認為的味道及味道給自己的感覺或回憶。

   「你覺得你拿到的是什麼東西的味道?」

   「你有聞過這味道嗎?在哪裡?那時候你在做什麼?」

   「這味道帶給你什麼樣的感覺呢?」

◆ 教學小提醒

1▶ 可收集常聞到的或易收集的,如中藥味道表示苦、黑醋代表酸,潮濕的霉味等等。

◆ 教學延伸

參考活動【感2-5 聞一聞2】。

初 味嗅覺

感 I-6 爆米花

教學目標	1.回喚味覺感官的經驗。 2.運用默劇動作表現味覺的反應。
教學準備	鈴鼓。

定點 全體同時

◆ 教學流程

1 回顧之前進行爆米花活動的感受與想法。

2 討論並回想爆米花的歷程,並將討論運用圖示或文字記錄成流程圖於白板上。
「爆米花還沒爆之前長什麼樣子?什麼形狀?摸起來有什麼感覺?軟的還是硬的呢?」
「玉米粒在鍋子上發生什麼事?」
「玉米粒怎麼變成爆米花的?」
「爆起來變成什麼形狀?」

3 討論練習「爆米花」時,身為爆米花的自己會有的表情、動作,如剛開始扁扁的玉米粒,在鍋子上搖來搖去的圓潤玉米粒,爆開來如花的爆米花等。

4 將上述討論串連,跟隨老師的敘述,在原位做出默劇動作,內容參考如下:
現在每個人都是一個還沒變成爆米花的玉米粒。有扁扁的、有長長的⋯玉米。
大家都在鍋子裡安靜地躺著,火被打開了,玉米粒在鍋子裡滾來滾去,越來越熱了,玉米粒越來越胖⋯胖到不能再胖了,快要爆炸了,數到3玉米粒就要爆炸變成爆米花了,1⋯2⋯3⋯。

5 分享剛剛變成爆米花的感覺。

◆ 教學小提醒

1 ▶ 建議可在活動前先實際進行爆米花的活動,讓學生有吃過、摸過、看過、聞過(五官感受)等體驗爆米花的歷程。

3 ▶ 建議可一項一項討論與練習動作,如扁玉米粒→圓圓玉米粒→花樣爆米花。

4 ▶ 可依據討論內容修改故事。
▶ 若有時間,可再口述一次,並兩兩一組合作變成漂亮的爆米花。

◆ 教學延伸

1 可用「氣球傘」作為鍋子,在氣球傘中進行活動。

2 也可將全班分成數組,各組討論後決定不同的爆米花造型,呈現給同儕欣賞。

中 味嗅覺

感2-5 聞一聞2

教學目標	1. 回喚嗅覺感官的經驗。 2. 運用默劇動作表現完整的情節。
教學準備	鈴鼓、自製嗅覺瓶數個。

**定點
全體同時**

◆ **教學流程**

1 透過聞到不同味道的經驗，示範發展出一個與味道有關的劇情片段，從「開始」聞到味道的反應，到「中間」尋找味道來源的動作，「最後」發現味道來源。

　例1：上完體育課「開始」進到教室中聞到一股臭酸味，「中間」到處尋找氣味的來源，「最後」發現味道來自自己身上流汗的味道。

　例2：「開始」時大夥正努力大掃除時，聞到一股臭味，「中間」搜尋椅子下方、窗簾後等要找出味道，「最後」在窗簾下找到穿過但許久未洗的襪子。

2 邀請每人各自想像一種氣味，並發展屬於自己的氣味事件。

3 說明數1是開始聞到味道的反應，數2是中間尋找的動作，數3是發現味道所在。

4 全體一起依據數數的指令，用三個定格動作，在原地呈現出來。

　「老師喊1的時候就做〝開始〞跑步的定格動作，喊2就做〝中間〞聞身上味道的動作…。」

5 邀請幾位自願者分享對味道的深刻印象。

◆ **教學小提醒**

1 ▶ 延續活動【感1-5 聞一聞1】，針對味道練習做出反應。

　▶ 可運用五W的技巧，討論相關的人物、地點及事件。

2 ▶ 亦可以分組的方式，透過討論，發展小組故事。

5 ▶ 活動後，也可邀請學生繪畫出具情節的味道連環圖。

◆ **教學延伸**

1 以三人為小組單位（分別為A、B、C），合作發展小組的氣味事件，並分別呈現「開始」（A）、「中間」（B）及「反應」（C）的定格動作。

2 同樣以小組為單位，創造出一個具備「開始、中間、結束」的氣味故事，詳細流程請參考活動【感3-5 聞一聞3】。

中 味嗅覺

感2-6 冰淇淋Ⅰ

教學目標	1. 回喚味覺感官的經驗。 2. 運用默劇動作表現味覺的反應。
教學準備	鈴鼓、冰淇淋。

**定點
全體同時**

◆ **教學流程**

1 運用紅綠燈「追逐」的遊戲形式進行暖身，被抓到時如同冰凍般不能動，解救後融化才能移動。

2 請大家吃冰，實際體驗吃冰的感受。

3 討論「吃冰淇淋」時，當下的表情、動作或是感覺，如牙齒酸、冰過頭、甜甜的等，並練習運用肢體做出動作。

　「吃冰的時候，有什麼樣的感覺？」

　「吃太慢會怎樣？吃太快又會怎樣呢？」

4 一齊將上述討論做串連，跟隨敘述，在原位做出默劇動作，口述內容參考如下：

　現在每個人手上都有一支你最喜歡的冰淇淋口味，有草莓的、巧克力…。

　剛上完體育課，熱死了！趕快吃一口…，唉唷！好冰喔，牙齒受不了…張大嘴巴，把含進嘴裡的冰淇淋移到舌頭上，不要碰到牙齒了，用嘴巴吸氣…吐氣…嘴巴裡的冰淇淋慢慢融化了！嘴巴合起來，嗯～超好吃、好甜喔！趕快，冰淇淋要融化了，拿起來舔一下，另一邊也要融化了！再舔…一邊旋轉冰淇淋，一邊舔…糟糕，吃太快，整個頭越來越冰，好像要麻掉了……。

5 邀請幾位自願者分享呈現。

6 討論吃冰還會發生什麼樣的事情。

◆ **教學小提醒**

1 ▶ 此為一種暖身的形式。

2 ▶ 吃冰之體驗有助接下來的討論分享。

4 ▶ "口述"內容可依據討論做調整。

◆ **教學延伸**

可運用加入故事情節，創造冰淇淋事件，參考活動【感3-6 冰淇淋2】。

 **味嗅覺**

感3-5 聞一聞3

教學目標	1. 回喚嗅覺感官的經驗。 2. 運用嗅覺感官的經驗，創造角色與情境。
教學準備	鈴鼓、自製嗅覺瓶數個。

**定點
小組輪流**

◆ **教學流程**

1 提供數個不同味道的瓶子，如刺鼻的味道、芳香的味道、酸臭的味道、藥品的味道等，輪流聞一聞，並猜測瓶中味道的來源。

2 練習以默劇動作，做出對不同味道的反應，鼓勵以誇張的臉部表情表現出來。

3 挑選其中一項味道，討論與味道有關的人物、情節。

「這是什麼味道？」

「什麼時候或什麼地點有聞過這個味道？」

「發生了什麼事，為什麼這味道在這裡？」

4 全班坐成一圈，邊敘述前一步驟討論的情節，邊邀請不同的自願者到圓圈中間，配合口述，即興演出故事內容。口述參考如下：

聞到綠油精的味道，想到學校畢業露營時被蚊子咬到，越來越癢，一直抓，在旁邊的同學到處找醫藥箱，東找找西找找，終於找到綠油精，超級高興地跑過來要幫我擦藥，打開綠油精，味道很刺鼻，擦完後不小心抹到眼睛，又刺又痛的，眼淚一直流，我一直擦……。

5 5至6人一組，每組發給不同味道的瓶子，請各組依照步驟3與4，自行發展與此味道有關的情節，並練習呈現。

◆ **教學小提醒**

1 ▶ 可參考活動【感1-5 聞一聞1】與【感2-5 聞一聞2】。

2 ▶ 以常聞到的味道為主，如烤雞蛋糕的香味、防蚊液的味道等。

4 ▶ 可讓情境稍微複雜一點。
▶ 口述時建議加強動作的細節。

5 ▶ 亦可將即興表演轉化成具「起承轉合」的四張靜像畫面。

6 分組輪流演出與味道有關的故事。

7 討論令人印象深刻的味道及原因。

「哪個味道讓你印象深刻？」

「為什麼？」

◆ 教學延伸

可每組給三種不同味道的瓶子，綜合發展出一個具「開始、中間、結束」的故事，如故事開始是因為刺鼻的味道而引起…，接著，又有臭酸的味道…，然後轉成芳香的味道…，最後出現藥品的味道…。

高 味嗅覺

感3-6 冰淇淋2

教學目標	1.回喚味覺感官的經驗。 2.運用默劇動作表現完整的故事。
教學準備	鈴鼓。

定點 全體同時

◆ 教學流程 ●

1 進行暖身後，請大家吃冰，並分享買冰淇淋、吃冰的經驗。

2 示範練習將買冰、吃冰的經驗拆成「開始」、「中間」、「結束」三個情節。

3 討論「開始」等待買冰的心情或經驗，挑選其中幾項討論，透過口述邀請學生運用默劇動作做出來。

「買的時候發生了什麼事情？」

（等很久、人很多、前面有人插隊等）

口述參考：天氣很熱，煩躁不安，等了老半天，快要上課了，還沒有輪到我⋯。

4 討論「中間」買到冰的感受與後續行為，挑選其中幾項，透過口述邀請學生運用默劇動作做出來。

「買到的時候真的有順利吃到冰了嗎？」

（最後一隻被別人買走了、剛買到就打鐘了）

口述參考：冰淇淋拿在手上很想吃但是上課了⋯（猶豫）、別人眼巴巴在旁邊看你吃（偷偷的）、吃一大口冰到嘴巴發麻（不舒服）、冰淇淋滴得滿手都是（狼狽不堪）。

5 討論「結束」時吃到冰的情形，挑選其中幾項，透過口述邀請學生運用默劇動作做出來。

「吃了冰後，發生了什麼事情？」

（被老師發現，罰站了、吃得好趕、滴得到處都是）

◆ 教學小提醒 ●

1▶ 參考活動【感2-6 冰淇淋1】。

2▶ 如在冬天進行此活動，可更改成其他的味覺經驗，如吃火鍋／麻辣鍋。

▶ 可誇大地敘述吃冰淇淋的各種情緒反應或表情動作。

口述參考：什麼！冰竟然掉到地上了，只能看著地上的冰淇淋發呆（錯愕）。

6 綜合上述分段討論，將情節連結起來後，全體做出連續的默劇動作，內容參考如下：

「天氣很熱，利用下課買個冰淇淋消暑，福利社人太多，買到冰淇淋的時候已經要上課了…。

「冰淇淋拿在手上很想吃但是上課了…，別人眼巴巴在旁邊看你吃，吃一大口冰到嘴巴發麻，冰淇淋滴得滿手都是…。」

「一個不小心、手上的冰淇淋掉到地上…。」

7 分享呈現時的感受，並提出不同的表現方式。

6▶ 也可運用三張〝靜像畫面〞，呈現吃冰三部曲。

◆ 教學延伸 ━━━━━━━━━━━━●

可分組發展「沒吃到冰淇淋」的故事情節。

觸　覺

感1-7 瞎子摸象

教學目標	1.回喚觸覺感官的記憶和覺知。 2.運用默劇動作建構物件。
教學準備	鈴鼓、神祕箱、數個物品，如滑鼠、梳子、安全剪刀。

**定點
小組輪流**

◆ **教學流程**

1 全班圍成圈，展示神祕箱（內放一物件），邀請自願者觸摸神祕箱中的物件，並說出觸摸的感覺。
「摸起來有什麼感覺，是硬硬的、軟軟的，還是粗粗的，請你說說看。」

2 邀請數位自願者持續觸摸物件後，猜測物件的名稱。
「你覺得箱子內有可能是什麼東西？為什麼？」

3 全班分成四組，每組給予一個神祕箱（內放一物件），請小組成員輪流用手觸摸並猜測箱中的神祕物件。
「每個人都可以摸摸看，但是不可以偷看喔！」

4 全組成員摸完後，討論並分享各組的神祕物件。
「現在大家都摸過了，請小組討論一下，你們覺得最有可能是什麼東西？」

5 限時五分鐘內，小組合作用身體將此物件建構出來。
「現在大家已經討論出來物件是什麼，請你不要告訴其他小組的人，請小組合作用身體做出物件的形狀，再讓其他人猜猜是什麼東西？」

6 小組輪流分享。

7 猜測並描述各小組建構出來的物件名稱。

8 分享觸摸的感覺與心情。
「摸的時候要注意什麼，答對的機會比較高？」

◆ **教學小提醒**

1 ▶ 先示範進行猜測。
▶ 建議先不猜測物件名稱，僅說出感覺即可。

3 ▶ 須強調不可偷看。
▶ 即使整組都有共識，認為物件是什麼，仍不能打開神祕箱看物件。

感2-7 傳球

教學目標	1. 回喚觸覺感官的記憶和覺知。 2. 發揮想像以默劇動作創造簡單的情節。
教學準備	鈴鼓、數個排球及棒球、具節奏性的音樂。

定點 全體同時

◆ 教學流程

1 全班分為四組並圍成圈。

2 每組給一顆「大型球」，如排球，由第一位向右進行傳遞，直至小組最後一位為止。

3 每組給一顆「中型球」，如網球、觸覺球，由第一位向右進行傳遞，直至小組最後一位為止。

4 每組給一顆「小型球」，如乒乓球，由第一位向右傳遞，直到最後一位為止。

5 討論比較三顆球的「大小」、「形狀」、「重量」及「觸感」之不同。

「剛剛我們傳了哪些球？」

「這些球有什麼不一樣？摸起來有一樣嗎？」

「傳的時候哪個球比較難傳？哪個比較容易？為什麼？」

6 把真實的球拿開，引導想像手中有一顆隱形球，並重複步驟2至4，在小組中輪流傳遞「隱形排球」、「隱形網球」及「隱形乒乓球」。

「小心傳，現在這顆是最大的球，不要越變越小了。」

「這顆球有點重，拿的時候要小心，不要用丟的喔！」

◆ 教學小提醒

1 ▶ 若教室空間小，可用排列的方式，由前向後傳。

2 ▶ 觸覺球是一種表面具有一顆顆突起的塑膠球，也可使用不同質感的球，如網球（毛）、橄欖球（橢圓）等。

6 ▶ 一面傳遞隱形球，可一面旁述，提醒維持隱形球一致的「大小」、「重量」等。

感2-7 傳球

7 運用口述,請大家進行隱形球的活動,內容參考
如下:

請你眼睛閉起來,在腦中先想像一下球的形狀、
大小,現在攤開你的手掌,球已經在你手中,請
你輕輕的摸摸它、捏捏它,感受一下它的觸感,
慢慢地將它拿高、和它一起轉圈圈,用你身體的
各個地方、部分和球一起玩,慢慢的…小心地,
球現在在你身上,正和你一起轉動,把球拿得高
高的、低低的,放在腰上、頭頂上,放開球,要
保持平衡不要讓它掉下來!小心、小心…球要掉
了,趕快接起來,現在手中的球變得越來越輕,
它慢慢地往上飛,越飛越高、好高喔!它要慢慢
掉下來囉!快到了…數到3你就要接住它囉!1、
2、3…很棒,大家都接住了!

8 討論比較傳實物球和隱形球的不同。

7▶ 〝口述〞時搭配輕柔的音
樂,可協助更進入情境。

◆ 教學延伸

1 小組運用不同的傳遞方式,傳遞隱形球,如跨下傳隱形球等。之後,再請其他
組猜測傳的是什麼球。

2 將實際物件賦予其它意義,如將排球想像成小狗,參考活動【感**3-7** 我把球變
成狗了】。

高 觸 覺

感3-7 我把球變成狗了

教學目標	1. 回喚觸覺感官的記憶和覺知。 2. 發揮想像以默劇動作創造互動的情節。
教學準備	鈴鼓、排球數個。

**定點
小組同時**

◆ 教學流程

1 全班分成四組並排成列。第一次先給予每組一顆排球依序從第一位傳到最後一位，第二次收起球後，傳遞隱形球傳回第一位。

2 分享養狗的經驗，討論與狗互動的情形，如餵狗吃飯、跟狗搶襪子、抓狗身上的跳蚤、幫狗洗澡、梳毛等。

3 說明「排球」將變成一隻毛茸茸的「小狗」，討論可與小狗（排球）互動的方式。
「如果你手上有一隻可愛的小狗，你會怎麼對待牠？」

4 邀請一位自願者示範運用默劇動作與小狗（排球）互動。

5 維持前述四組的分組，小組決定狗的大小及類型，討論不同的互動方式。

6 分組練習將「排球」當成狗，依序從第一位做出與小狗互動的動作後，將狗傳遞給下一位，直至最後一位為止。

7 小組輪流呈現與狗的互動方式與動作。

8 分享觀察到各種主人與狗的默劇動作，並比較用排球與真實小狗之間的差異。

◆ 教學小提醒

1▶ 細節可參考活動【感2-7傳球】。

3▶ 強調運用想像力的重要性。

6▶ 當傳遞給下一位時，可以重複性的音樂或鼓聲作為轉換的暗號。

◆ 教學延伸

可運用隱形物想像成其它動物，依上述步驟做出默劇動作。

綜合感官/情緒

初 級

中 級

初 綜合感官／情緒

感1-8 感官默劇

教學目標	1. 回喚不同感官的經驗。 2. 運用默劇動作表現感官的反應。
教學準備	鈴鼓、神祕袋（裝有香水瓶、糖果、絨毛玩具、遙控器等）。

定點
全體同時

◆ 教學流程

1　利用神祕袋引起動機，將相關刺激物放入，如繪本（視）、鬧鐘（聽）、糖果（味）、香水瓶（嗅）、絨毛玩具（觸）、遙控器（情緒）等。

2　邀請幾位自願者觸摸且猜測袋中物件後，將猜到的物件從袋中拿出，並請全班一一實際體驗。

3　討論練習「看繪本」的感官情境，並以默劇動作表現。
「大家手上拿著繪本，書裡的顏色非常豐富，讓我們眼睛一亮，奇怪，圖裡面好像有一隻毛毛蟲，趕快搜尋找出來。」

4　討論練習「聽到鬧鐘聲音」的感官情境，並以默劇動作表現出聽到後的反應或動作。
「天剛亮，還沒六點，鬧鐘響了起來，我不想起床，趕快用棉被把自己蓋在裡面，可是鬧鐘一直響，受不了了，站起來走到鬧鐘前面關掉，終於可以回到床上睡大頭覺了。」

5　討論練習「吃糖果」的感官情境，並以默劇動作做出吃糖果幸福的表情。

6　討論練習「聞到香水」的感官情境，並以默劇動作做出聞到香水後不喜歡的動作。

◆ 教學小提醒

2▶　摸到香水可以讓全班聞一聞香味；摸到糖果，可邀請大家吃糖果嚐嚐甜味等。

3▶　口述情境時，需注意口述內容的動作性，如強調眼睛一亮、搜尋等用語，讓學生可以做出動作，不是呆坐原地。

7 討論練習「觸摸絨毛玩具」的感官情境，並以默
  劇動作表現出順毛、刷毛等動作。

8 討論練習拿遙控器「看電視」，看到不同內容的
  感官情境，如恐怖片、喜劇、悲劇、動作片、棒
  球賽等，並以默劇動作做出看到的情緒反應。

◆ 教學延伸 ────────────────────────────●

1 可將上述的所有事件連結成一完整故事，並運用口述的方式引導練習，參考活
  動【感2-8 感官默劇故事】。

2 可從中選取「一個」感官情境，加上一些情節變化，引導體驗不同情緒的反
  應，參考活動【感2-6 冰淇淋1】或【感3-6 冰淇淋2】。

中 綜合感官／情緒

感2-8 感官默劇故事

教學目標	1. 回喚不同感官的經驗。 2. 運用默劇動作表現完整的故事。
教學準備	鈴鼓、香水瓶、糖果、絨毛玩具、遙控器等

定點 全體同時

◆ **教學流程**

1 回顧對各項刺激物的回憶,如繪本(視)、鬧鐘(聽)、糖果(味)、香水瓶(嗅)、絨毛玩具(觸)、遙控器(情緒)等。

2 討論並連結回憶內容,變成感官默劇故事。

3 敘述感官默劇故事,練習以默劇動作表現連結的故事,故事參考如下:

　　小美正在客廳玩玩具,小美的媽媽走過來抱抱小美說:「我要出門了,你要乖乖待在家哦!」說完,媽媽就拿著包包開門出去了。小美很開心自己可以獨自一人在家,興奮地跳上跳下,甚至轉圓圈跳起舞來。

　　停下興奮的情緒,小美走到媽媽房間,看到鏡子中的自己,笑了一下;打開化妝台最上面的櫃子,左翻右翻,就是找不到香水,關起櫃子,再開下一個,看到很多瓶香水,眼睛頓時睜大,找到了一罐粉紅色愛心形的香水,觸摸愛心形狀的**香水瓶**,涼涼的、滑滑的,輕輕地轉開瓶蓋,放在鼻子前用力的聞一聞,有一股花香,感覺好舒服。接著,學起媽媽的動作,拿香水朝自己的脖子、腋下、手腕噴香水,整個房間香噴噴的像座花園。

◆ **教學小提醒**

1▶ 參考活動【感1-8感官默劇】。

2▶ 可將討論內容或故事流程書寫在白板上。

3▶ 改編自羅心玫、胡淨雯的口述(原著《小美一個人看家》,台英,1994)。

　　小美心情很好地跳回客廳，抱起放在沙發上心愛的小娃娃，摸著**娃娃**柔軟的毛，用手指幫它梳毛，最後還親它一下。小美坐到沙發上，將小娃娃放在旁邊，拿起桌上的遙控器按下電源開關，看著正在上演的恐怖片，裡面的人正被鬼追著跑，小美看得心裡很害怕，趕快抱起娃娃，把頭埋在娃娃中，告訴自己「不怕不怕」，閉著眼睛摸**遙控器**…摸…摸到了，趕緊將電視關掉。

　　這時，小美聽到門鈴聲，很快地跑到門前，墊起腳尖，用一隻眼睛看看門上的小洞，高興地說：「耶！媽媽回來了」，趕緊打開門，媽媽（教師入戲）從包包拿出小美最愛吃的**驚喜糖**，小美開心地張大嘴巴把糖果含在嘴裡，感覺糖果一開始是酸酸的，小美不停地吞口水，之後甜甜的味道散發出來，感覺好好吃哦，真是幸福啊！

　　小美今天一個人看家，做了好多事情，她坐在沙發上，不知不覺就倒下來睡著了。

4 分享呈現故事時的感覺，並提出變更故事內容的看法。

第 **6** 章

戲劇潛能開發3：
聲音與口語表達

聲　音

聲 音

聲1-1 傳聲筒

教學目標	1. 探索各種聲音的變化。 2. 練習聲音的傳遞與接收。
教學準備	鈴鼓。

定點
小組同時

◆ **教學流程**

1 將全班分成4到6排。

2 給每排的第一位一組音節，如「嗚拉呼」，由第一位發出「嗚拉呼」聲音，並將之傳給第二位，依此類推直至每排的最後一位。
「每排的第一位請起立，當老師給你聲音時，請你記住，不可忘記。」
「當我說開始時，請每排的第一位開始傳遞我剛剛給你的聲音。」

3 邀請每排第一位自行創造一組音節，依循上述步驟傳遞聲音直至最後一位。

4 每排最後一位分享傳到的聲音，並確認與第一位相同，也可討論傳遞聲音過程中應注意的事項。

5 討論各種有趣的聲音及其傳遞的過程。

◆ **教學小提醒**

2 ▶ 音節變化可先從簡單開始，最後讓學生自行發揮。

◆ **教學延伸**

1 也可在耳邊小聲地傳遞一句話，從第一位傳給最後一位，看看最後會有什麼變化。

2 參考活動【聲2-1 回音谷】。

初 聲 音

聲1-2 聲音故事1

教學目標
1. 嘗試不同聲音的表現。
2. 為故事發展不同的音效。

教學準備
鈴鼓、繪本
(《祖母的妙法》,漢聲出版,2015)。

定點
全體同時

◆ 教學流程

1 提供單音節如ㄚ、ㄧ、ㄨ、ㄟ、ㄛ等聲音,請大家一齊練習發音。
2 運用「雙手開合的動作」,作為控制學生發聲的工具(如音量調節器),說明當兩手打開時,表示聲音要變大;兩手合起時,表示聲音要變小。
3 練習配合音量調節器,用嘴發出由大變小、由小變大的聲音。
4 一邊說故事「祖母的妙法」,一邊練習運用自己的聲音,為故事配音效,故事大綱如下:
「阿力有許多玩具,如會講話的鸚鵡(音效)、玩具鋼琴(音效)、小火車(音效)等…。」
「但是阿力膽子小,生活中遇到任何的東西,雖然很普通,但只要被他看到,都會被阿力的想像力轉成另一樣恐怖的東西,如看到小狗(音效)以為是大獵狗(音效);看到有人騎腳踏車(音效)以為在飆車(音效);聽到腳步聲(音效)以為是巨人在走路(音效);聽到敲門聲(音效)以為外面在打雷(音效)…。」
「阿力告訴祖母,祖母教他念一個咒語『卡啦卡啦,我膽子大,我是高大力,誰都不怕!』」
「阿力練習多次後,回到街上,把所有遇到的事情都變回來,他再也不害怕了!」

◆ 教學小提醒

1▶ 也可先收集各類動物、環境的音效,一同分享並猜測其聲音的來源,作為引起動機。

4▶ 參考繪本《祖母的妙法》(漢聲)。
▶ 可以創造不同的玩具。
▶ 除了嘴巴發出聲音外,也可以鼓勵用手邊的物品來製造音效。
▶ 若學生年齡較小,可先將故事中欲出現音效的角色製成圖片,就可以圖片表示聲音的來源。

5 討論運用自己的聲音或周遭的物品製造各種聲音
的可能性。
6 進一步討論有音效與否的異同。

◆ 教學延伸 ──────────────────────────●

1 分組負責不同的音效,老師當指揮家,邊說故事邊指揮小組做出音效。
2 可在進行上述步驟4時,將故事與聲音完整錄音下來,待完成後可一同分享,
並討論下次進行時的改進之處。
3 也可將常聽到的聲音,連貫成一個故事,參考活動【聲2-2 聲音故事2】。
4 詳細的聲音故事帶領技巧,可參考林玫君(2005)出版之《創造性戲劇理論與
實務-教室中的行動研究》一書第5章第5節(頁212)。

中 聲 音
聲2-1 回音谷

教學目標	1. 探索各種聲音的變化。 2. 練習聲音的傳遞、接收與投射。
教學準備	鈴鼓。

**定點
小組同時**

◆ **教學流程** ──────────── ◆ **教學小提醒** ────────

1 討論如何在兩座山中進行聲音的「投射與接收」。

「你有在山中大喊的經驗嗎？」

「猜猜看，如果你在山中大喊，你的聲音會發生什麼樣的變化？」

2 全班分成兩大組（A與B組），面對面並維持至少三步遠的距離。

2▶ 兩大排距離拉大，做出山谷的感覺。

3 練習聲音的「投射與接收」。邀請A組第一位先發出單音或一連串的音節，以一定的音量，傳遞給B組第一位後，再回傳給A組第二位，以此方式，用「閃電」圖形（參考右圖）依序傳遞聲音下去，直到兩組學生皆傳遞完成為止。

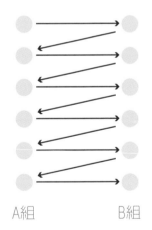

A組　　　　　　　B組

4 參考步驟3，以聲音「漸小」或「漸大」的方式進行傳遞，直到兩組皆傳遞完成為止。

5 討論各種有趣的聲音變化及如何可以讓聲音的傳遞更清晰自然。

◆ **教學延伸** ──────────────────────────

1 兩兩一組，分別為A與B，由A持續發出一串的音節音，B模仿A，直至老師喊：「換手」，由B持續發出一串的音節音，換A模仿B的聲音。

2 分組給不同的聲音，透過指揮發展出大聲小聲或具節奏性的合奏，參考活動【聲3-1 聲音大合奏】。

聲2-2 聲音故事2

教學目標	1. 嘗試不同聲音的表現。 2. 運用日常生活的聲音創造故事。
教學準備	鈴鼓。

**定點
全體同時**

◆ **教學流程**　　　　　　　　　　◆ **教學小提醒**

1 討論生活周遭常常聽到的聲音，老師舉例並邀請
自願者用自己的聲音或周遭物件製造聲音。如：
上學的路上可能聽到的聲音是：摩托車、喇叭、
警車、消防車、救護車、火車等不同交通工具的
聲音；挖土機等工地機具的聲音；叫賣、小孩哭
或路人吵架等。

2 選擇前述討論的幾樣聲音，運用問答的方式，師
生一同發展出一個聲音故事。
T：「如果皮皮要上學，在哪裡會聽到摩托車的
聲音？」
S：「媽媽出門的時候、在路上。」
T：「假裝皮皮坐著媽媽的摩托車上學，出門時
會遇到什麼事情？要有聲音的喔！」

3 如步驟2慢慢將故事完成後，再將故事重頭講一
次，大家一齊為故事做音效。如：
皮皮上學快要遲到了，坐上媽媽的摩托車（音
效），媽媽用遙控鎖打開車庫鐵門（音效），很
快地衝出家門。忽然聽到一陣喇叭聲（音效），
一台車迅速地從右後方經過，媽媽緊急煞車（音
效）後再次出發。車子往前行，皮皮老遠就聽到
平交道號誌聲響（音效），聲音越來越大（音效

1▶ 引發舊經驗。

▶ 可一面討論一面將故事的流
程書寫於黑板上。

3▶ 可參考活動【聲1-2 聲音故
事1】。

漸大），火車經過（音效）後，媽媽帶著皮皮轉到另一條路上。忽然，看到一台消防車（音效）呼嘯而過，好像是哪裡發生了火災，接著救護車（音效）及警車（音效）來到⋯⋯。

4 討論自創聲音故事的趣味性，並比較不同聲音的效果。

◆ 教學延伸

1 以分組的方式進行，給予各組不同地點，如動物園、遊樂場、家中等，請各組依據地點自創一個聲音故事。

2 可藉由物品發出的聲音來創作聲音故事，詳細流程參考活動【聲3-2 聲音故事3】。

高 聲 音

聲3-1 聲音大合奏

教學目標	1. 探索各種聲音。 2. 練習聲音的控制與變化。
教學準備	鈴鼓、錄音機。

**定點
全體同時**

◆ **教學流程** ─────────────── ● ◆ **教學小提醒** ───────

1 全班分成兩大組。

2 每組從基本發音中,各選擇兩個音節,如ㄚㄟ與ㄧㄡ。

3 分別在小組中練習由小到大,或由大到小的變化。

4 老師扮演「指揮家」,以手勢一起控制兩組的聲音,練習「大小聲」。
「我是指揮家,看著我的手,當我的手往上揚,請你們聲音變大,當我的手往下降,聲音就要變小。」

5 老師扮演「指揮家」,分別用左右手控制位於左右兩邊的小組,並以握拳表示聲音消失。
「我的右手是指揮右邊這一組,請右邊這一組專注看我的右手,左邊小組請專注看我的左手。」

5 ▶ 如果要讓聲音產生節奏變化,可以張手、握拳來控制聲音。

6 老師扮演「指揮家」,綜合運用手勢高低、握拳等,讓兩組輪流或同時發聲,變化合奏出不同的組合。

6 ▶ 建議可以在進行時加以錄音,事後一起聽一聽剛剛創造的聲音變化。

7 綜合討論剛剛活動進行的感覺,及聽到的聲音給你的感覺為何。

◆ **教學延伸** ──────────────────────────

若學生能力許可,可分更多組進行聲音的合奏。

高 聲 音
聲3-2 聲音故事3

教學目標	1. 嘗試不同聲音的表現。 2. 運用物品聲音的特色創造故事。
教學準備	鈴鼓、各類可發出聲音的物件。

**定點
小組同時**

◆ 教學流程

1 每人拿一樣可發出聲音的物品，如小型的打擊樂器或鍋碗瓢盆等，並練習用同一物品來創造不同的聲音。

2 每人為發出的聲音設定一個情境，如火災中噴水的聲音、上學途中車子緊急煞車的聲音等。

3 邀請1～2位自願者分享，並請其他人猜猜看可能是什麼情境，對照與自願者原先設定是否相同。
「這聲音可能會在哪裡出現？」
「發生什麼事會有這樣的聲音？」
「和你原先的設定是否一樣？」

4 將全班分成數組，請各組在小組內輪流分享彼此的物件聲音。

5 請各組在組內，討論並運用現有的物件聲音及事件，發展出具「開始」、「中間」及「結束」情節的聲音故事。

6 輪流分享各組的聲音故事，其他小組擔任聽眾。

7 討論聲音故事發展的其他可能性，並進一步思考如何掌握聲音的變化（如節奏、音高、音色、強弱等），使故事更精彩。
「剛剛的颱風聲還可以怎麼處理，這樣颱風會更劇烈？」

◆ 教學小提醒

2► 可前一天請學生從家中帶一樣物品到校。

3► 可兩兩一組，互相練習並猜測聲音的情境。

6► 提醒除了自己手中物件所發出的聲音外，還可輔以自己的聲音，以豐富故事。

◆ 教學延伸

若時間允許，可請各組進一步討論並修正聲音故事的內容。

非 ㄅ 語

初　級

中　級

高　級

初 非 口 語

聲1-3 外星語

教學目標
1. 運用聲音、語調的變化進行溝通。
2. 運用眼神、表情或簡單動作等「非語言」的訊息進行溝通。

教學準備　鈴鼓。

定點
雙人同時

◆ **教學流程**

1 討論並示範什麼是外星語。

2 創造一個有關外星人的故事情境，如：
外星船在地球拋錨，外星人已經一天沒有吃飯，於是他離開太空船，跑到附近的村落中向村民求救……

3 說明老師將入戲扮演外星人，請學生當村民，當外星人走近村民旁時，村民要以外星語回應外星人的話。

4 老師到一旁做簡單的裝扮，以外星人的身分出現，走到幾位村民桌邊，用外星語詢問或求救，學生以外星語即興回應。

5 兩人一組，一人當外星人，用外星語向另一位扮演村民者講話，村民可以用眼神、表情或簡單動作和外星人做回應（但不能講話）。可交換角色，重複演練。

6 分享剛才對話的內容，討論外星人和村民如何以「非語言」的訊息，和彼此進行溝通。
「剛剛你是怎麼知道外星人的意思？」
「除了說話，還有什麼方式可以幫助溝通？」

◆ **教學小提醒**

2▶ 也可依主題或教學需要，創造不同的情境，如不同國家的人、寵物的世界等。

3▶ 老師可運用物件加強自身扮演的角色。

4▶ 可盡量引導學生多說一些外星語。

5▶ 建議進行此活動時，須設定好外星人的任務，如本次是外星人肚子餓要吃飯。

6▶ 如生動的表情、誇大的動作、聲音語調的變化等。

◆ **教學延伸**

可兩兩一組，在特定情境中用外星語即興對話，參考活動【聲2-3 買賣東西】。

教學目標	1.運用聲音、語調的變化進行溝通。 2.運用眼神、表情或簡單動作等「非語言」的訊息進行溝通。
教學準備	鈴鼓、隨手可得的物品。

定點
雙人同時

◆ **教學流程**

1 回憶旅行的經驗，小販如何向別人推銷小紀念品。
「還記得小時候出去玩，那些賣東西的人是怎麼推銷商品的嗎？」
「如果賣的東西你喜歡，你會怎麼殺價？」

2 兩人一組面對面，A當小販、B當遊客，兩人共同決定一件商品進行販賣，練習三分鐘內以即興口語（國語）的方式進行買賣。

3 說明接下來要進行國外旅遊購物的情節，小販和遊客來自不同的國家，他們都必須以自己國家的語言進行對話，因此兩人都必須使用「外星語」（聽不懂的話）溝通。

4 同樣兩人一組面對面，A當小販、B當遊客，兩人共同決定一件商品進行販賣，練習在三分鐘內以「外星語」的方式進行溝通與買賣。
「不要忘記了，你們兩個都不是台灣人，不會說國語。」
「你怎麼說他都不懂，可以用什麼樣的方式讓他懂？試試看，做出來！」

5 說明將交互運用「國語」及「外星語」的指令進行買賣活動。如：喊「國語」時，正在使用外星語談話的兩人，必須延續原來的情境並轉成使用

◆ **教學小提醒**

1▶ 商品可以是隨手可得的物件。

5▶ 進行此步驟前，可先邀請幾位自願者上台示範。

197

「國語」交談。喊「外星語」時，兩人就要用「外
星語」交談，但對話內容仍須延續前面的情境。

6 兩人一組面對面，依據新的規則進行買賣活動。

7 邀請自願小組分享前述的「外星語」即興對話表
演，其它人猜測分享組的細節內容。

◆ 教學延伸 ────────────────────────●

1 兩人一組面對面，提供下列情境，請學生運用「外星語」進行對話。

「談論不可為人知的八卦。」

「站在五樓的樓頂，向下對地面的人說話。」

「安慰跌倒受傷的同學。」

「來到臺南的觀光客找路人問赤崁樓的位置。」

2 三人一組，一人當外星人以外星語和另一位地球人（講國語）對話，第三位
站在中間當翻譯官，同時以國語和外星語幫前兩人翻譯，參考活動【聲3-3
國外旅遊】。

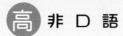

聲3-3 國外旅遊

教學目標	1. 運用聲音、語調的變化進行溝通。 2. 運用眼神、表情或簡單動作等「非語言」的訊息進行溝通。
教學準備	鈴鼓、隨手可得的物件。

定點
小組同時

◆ **教學流程**　　　　　　　　　　　　　　　◆ **教學小提醒**

1　回憶外國旅行的經驗，討論國外旅遊購物的情形，假設小販和遊客來自不同的國家，他們必須以自己國家的語言對話，因此兩人都以「外星語」（聽不懂的話）溝通。

1▶　建議有進行活動【聲2-3買賣東西】之經驗較佳。

2　說明外國小販（說外星語）設法推銷小紀念品，但台灣遊客（說國語）聽不懂，請導遊（地陪）翻譯。

「小販說的話我們聽不懂，要請導遊翻譯。」

「所以導遊很厲害喔！會外星語及國語兩種語言。」

2▶　加入第三位翻譯官的角色。

3　邀請兩位自願者示範，A當外國小販、B當台灣遊客、老師當導遊，示範如何透過導遊的翻譯，幫忙小販和遊客之間的溝通。

4　三人一組，A當外國小販、B當台灣遊客、C當導遊，共同決定販賣的一件商品，外國小販以外星語向遊客推銷，導遊以中文解釋給遊客聽，遊客以中文回應小販，導遊再以外星語翻譯給小販聽，小販再接續回應。

5 三人必須在五分鐘內以即興口語的方式進行買賣，最後要做一個決定，買或不買。

6 邀請幾組分享前述的即興對話。

7 討論比較有翻譯官與否的不同，好玩的地方是什麼。

5 ► 老師須隨時到小組中瞭解溝通情形，並記錄下來，作為下一步驟分享的內容。

◆ 教學延伸 ─────────────────────────────●

全班分成四組圍成圈，每組給予一樣物件當商品，請一人當外國小販站在圈中進行推銷，另一人當導遊負責翻譯，同組成員坐在圈中當遊客，推銷約1至2分鐘後，依指示更換外國小販或翻譯的導遊。

D 語

初 級

中 級

高 級

教學目標	練習以不同的情緒表達一句話。
教學準備	鈴鼓、情緒圖卡。

定點
雙人同時

◆ 教學流程

1 運用不同句子，用平常的方式說出下列敘述：
如：「我完蛋了」、「你是最後一個」、「你遲到了！」、「怎麼會有這種事！」等。

2 從步驟1中選取一句話，引導配合不同的情緒
（如興奮、悲傷、生氣、快樂等），練習說出那句話。

3 分享討論同一句話，因不同的情境而影響說話時的情緒。
「什麼時候會說『怎麼會有這種事』？」
「當時會有什麼樣的情緒？為什麼會用這情緒說話？」

4 引導討論以一句話來創造出與句子有關的情境。
如以「怎麼會有這種事」為例，可能的情境如下：
當老師在發考卷時，拿到考卷後發現考不及格，就會以〝難過〞的情緒說：「怎麼會有這種事！」

5 邀請兩位志願者，即興示範步驟4的討論，做出動作後並停在這句話上。

◆ 教學小提醒

1 ▶ 句子盡量保持中性，避免被既定的情緒所影響接下來的活動。
▶ 句子來源也可參考課本或繪本，配合語文教學。

2 ▶ 各式情緒可先以文字或圖形放在展示卡上，透過觀看展示卡來練習用不同的情緒說話。

4 ▶ 可兩人一組，給同一句話，互相猜對方的情緒。

▶ 須留意句子與情緒是否契合。

6 兩人一組,小組決定一句話,討論並即興練習與句子有關的 “情境與情緒”。

7 輪流請小組分享所創造的句子與情境。

8 討論如何以同一句口白,表達不同的情緒,並比較其中的差異。

6▶ 若學生年齡或經驗不足,建議可由老師直接挑選句子給小組。

7▶ 若無時間,可將小組再分為兩大組,輪流呈現。

◆ 教學延伸

同一句話賦予不同情緒,參考活動【聲2-4 一句話─情緒急轉彎】。

聲1-5 物品故事1

教學目標	透過物品練習敘說故事。
教學準備	鈴鼓、請學生從家中帶一具紀念性的物品或玩具。

定點 個別輪流

◆ 教學流程

1 事先請學生從家中帶一件具有紀念性的物品或玩具。

2 老師示範分享自己的物品故事，並說明得到紀念物的時間、地點、來源和特別的意義。

3 請兩位自願者分享自己的物品故事，並說出得到紀念物的時間、地點和來源或特別的意義。如：
這是我們六年級畢業旅行時，到六福村遊樂園，幾個好朋友每個都買了一個徽章別在包包上，代表我們是一群好姊妹。因為，畢業後大家就不會在一起，所以每當我看到這個徽章的時候，就會想到過去的幾位好朋友。

4 若是有些學生在表達上有困難，可以運用下列方式引導：
S：「這是一隻泰迪熊，是我生日禮物。」
T：「誰送給你的？」
S：「媽媽送的。」
T：「為什麼特別選它來學校分享？」
S：「因為我很喜歡它。」
T：「你都一起和它做什麼事？」
S：「他每天陪我睡覺、看電視。」

◆ 教學小提醒

2▶ 若時間有限，步驟2與步驟3可擇一。

3▶ 如為年齡較小的學生，可直接找5到6位自願者進行分享，之後再採小組的方式輪流分享。

4▶ 若聽者有問題想問，也可提問，不一定皆由老師提問。

5 從眾多分享中，挑選一個令大家感興趣的故事，
  邀請1~2位自願者示範以定格動作呈現故事。
  以泰迪熊故事為例，學生可以做出「抱著泰迪熊
  睡覺或看電視」、「收到禮物的驚喜」、「媽媽
  送禮物的動作」等。

6 全體在定點上做出屬於自己物品故事的定格動
  作，並輪流分享。

◆ **教學延伸** ────────────────────●

可幫具故事性的雕像創造台詞或想法，詳細帶領方式請參考【聲**2-5** 物品故事
2】。

初 D 語
聲1-6 大家來講古1

教學目標	1.練習以不同角色的觀點回應老師的問題。 2.發展各種角色的背景、地位、態度及動機。
教學準備	鈴鼓。

定點 個別輪流

◆ 教學流程

1 選擇一個大家皆熟悉的故事，如老鼠娶新娘。簡單地將故事大綱複習一次。

2 全班圍一大圈，以123報數的方式進行報數。請1當〝老鼠爸爸〞，2當〝老鼠女兒〞，3當〝太陽、烏雲、牆或老鼠青年〞等其它角色。

3 請1號〝老鼠爸爸〞出列並圍成一小圈，老師以發問的方式，隨機指定不同的〝老鼠爸爸〞回應問題，這些問題包含角色的背景、地位、態度動機及相關的情節等。

「你今年幾歲？有幾個小孩？」

「你在村裡，擔任什麼工作？為什麼想要嫁女兒？」

「為什麼想要找一位世界上最勇敢的女婿？」

「你女兒知道你要把她嫁出去嗎？」

「你覺得你女兒會聽你的話嗎？」

4 請2號〝老鼠女兒〞出列圍成一圈，老師以發問的方式，隨機指定不同的〝老鼠女兒〞回應問題，以發展角色的背景、地位、態度與動機等。

「你爸爸帶你去找了哪些人？你喜歡他們嗎？」

「你理想中的丈夫是怎樣的人？有沒有喜歡的對象？」

「你會如何對爸爸說出你的想法？」

◆ 教學小提醒

1 ▶ 如果對故事很熟悉，可省略步驟1。

2 ▶ 盡量選擇耳熟能詳的故事，或參考課本中的故事或童話故事，減少再次說故事的時間。

▶ 盡量選有兩個主角以上或多位配角的故事。

3 ▶ 如果學生年齡小，可針對人物的背景、年齡、長相或個性進行提問，以發展故事情節為主。

4 ▶ 詢問的時間不宜太長，一人一句就好。

▶ 如果回應偏向特別的主題，如暴力，此為人之常情，可忽略之，更改問題方向即可。

5 請3號〝太陽、烏雲、牆或老鼠青年〞出來圍成
  一圈，老師以發問的方式，引導學生以其它角色
  的身分，回應問題。
  「太陽先生，你為什麼拒絕這門婚事？」
  「烏雲先生，你知道為什麼老鼠爸爸要來找你
  嗎？」
  「牆，你想娶老鼠小姐嗎？為什麼？」
6 分組依據上述角色的回應，運用故事接龍的方
  式，將故事串連。

◆ 教學延伸 ──────────────────────────●

  可以老鼠爸爸或不同的身分重述故事，參考活動【聲2-6 大家來講古2】。

初 D 語
聲1-7 角色卡

教學目標	1.練習和不同的角色即興對話。 2.從他人的對話中瞭解自己的角色。
教學準備	鈴鼓、角色卡。

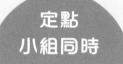

定點
小組同時

◆ 教學流程 ●━━━━━━━━━━━━━━ ◆ 教學小提醒 ━━━━━━━

1 選擇一個大家皆熟悉的角色，如警察。簡單地討論誰會和警察談話，談話的內容是什麼。
「如果你遇到警察，你會跟他說什麼？」

2 邀請一位自願者到前面示範，說明將會在他背後貼上一種角色的名稱如「警察」，接著會請自願者「警察」走到其他人面前，其他人必須自己設定一種角色，並和警察談話，但不能說出「警察」這個關鍵詞。

3 全班分成四組，圍圈坐定，說明將把書寫好的人物角色卡，如醫生、媽媽、便利商店店員等，貼在每組的一位學生後方（A），表示他就是字條上的角色，但他（A）卻不知道自己是誰，請其他人依步驟2，和他（A）談話互動後，再讓A猜測自己是什麼角色。

4 討論A如何從別人的對話和反應中，得知自己的角色身分。
「你怎麼知道你是誰？」
「是什麼樣的動作或話語讓你覺得你就是那個角色？」

2▶ 建議大家圍成圈，警察在圈中移動聽聽他人的回應。

3▶ 若學生能力佳，可請小組自行決定角色後，邀請他組的一位成員進入互動，由他組成員來猜他是什麼樣的角色。

◆ 教學延伸 ━━━━━━━━━━━━━━━━━━━━━━━━━

可在全班每人背後貼上角色卡，同時進行。

聲2-4 一句話—情緒急轉彎

教學目標	1. 練習說話時的情緒表達和轉換之方式。
	2. 比較不同情緒如何影響說話時的語氣和行動。
教學準備	鈴鼓。

移動 小組輪流

◆ **教學流程**

1 邀請一位自願者（A）用特定的情緒（如生氣）說出一句話，如「你再查查看，這不是我認識的那個人！」邊在空間中直線前進，直到說完這句話才停止。

2 引導思考一句話中的停頓位置，如何影響情緒的表達，如很生氣的說：「你（大聲用力，用手指對方）——再查查看（假裝把文件丟到地上）……，這不是我認識的那個人！（快速交代，扭頭就走）。」

3 邀請一位自願者示範，先以一個方向行走，邊走邊用某一情緒（快樂）說完一句話；接著，轉換另一方向，改變情緒（懷疑）繼續說完同樣一句話。依前述步驟持續進行，用同一句話，不斷變換方向與情緒，直至喊停為止。

4 給予不同的情緒，繼續讓不同的自願者出來做練習。

5 全班分成兩大組，兩組輪流依照步驟3，在空間中持續行走，未輪到的小組在旁觀察，直到輪到自己上場為止。

6 討論活動的心得，比較不同情緒如何影響說話時的語氣（含停頓時間）及行動。

◆ **教學小提醒**

1 ▶ 也可挑選其他句子進行。
  ▶ 句子要長一點，可以讓學生至少走個三、四步。

3 ▶ 每轉換一方向，情緒即轉換。

4 ▶ 視時間允許的情況而定。

◆ **教學延伸**

可搭配情境，如樓上對樓下的人說話，參考活動【聲3-4 視情況而〝說〞】。

中 D 語

聲2-5 物品故事2

教學目標	1.透過物品練習敘說故事。 2.運用語言表達個人或角色的想法。
教學準備	鈴鼓、請學生從家中帶一具紀念性的物品或玩具。

定點
雙人同時

◆ **教學流程** ────────────── ● ◆ **教學小提醒** ──────────

1 老師示範分享自己帶來的物品或玩具,並敘說與之有關的故事。

2 請學生拿出從家中帶來的物品或玩具,兩兩一組坐下,並互相分享故事。

3 練習做出與物品有關的雕像動作。

3 ▶ 細節請參考活動【聲1-5物品故事1】。

4 全班圍成圈,邀請一位自願者至圈中呈現與物品有關的雕像後,進一步引導討論雕像當下可能的情緒或可能說出的話。以泰迪熊的故事為例,老師可如此問:

「他現在手中抱著熊,這是媽媽送他的禮物,想想看…如果是你,你現在想說什麼?」

5 邀請幾位自願者輪流站在雕像後面,以第一人稱說出雕像的想法。如泰迪熊的故事,一位學生做出抱著泰迪熊睡覺或看電視的動作,其餘學生可輪流至後方說出下列語句:

5 ▶ 彷彿在幫雕像做旁白。

「你摸起來好舒服喔!每天抱著你睡覺真好!」

「告訴你喔!今天在學校有人欺負我,他…」

6 延續前述的兩兩一組(A與B),先請A當雕像,B到A後方說出雕像的想法(如步驟5),再請B當雕像,A到B後方說出雕像的想法。

◆ **教學延伸** ──────────────────────────────

1 若時間允許,可將全班分成數組,請每組1號到小組圈中當雕像,其餘同組成員輪流到雕像後方說一句話,如此重複流程,直到最後一位為止。

2 可將不同的物品故事結合成具有起、承、轉、合的情節,詳細流程可參考活動【聲3-5 物品故事3】。

聲2-6 大家來講古2

教學目標	1.練習以第一人稱的觀點敘述故事。 2.比較不同角色所敘述的故事。
教學準備	鈴鼓。

定點
雙人同時

◆ 教學流程

1 選擇一個班上皆熟悉的故事,如老鼠娶新娘。簡單地將故事大綱複習一次。

2 老師扮演老鼠爸爸,以第一人稱的方式敘說自己嫁女兒的故事(也就是老鼠娶新娘的故事)。

3 解釋若以劇中角色觀點說自己的故事時,就叫做「我的故事」,等下會請大家用這個方式說故事。

4 兩人一組(A與B),請A以「老鼠爸爸」的身分對B講「我的故事」,B則以A的好朋友身分聆聽故事:
「其實,我本來也覺得嫁給我們老鼠很好,可是⋯有一次當我開村民大會的時候,貓竟然來襲,殺了我們好幾位村民,為了我們村的安全著想,我才決定要找一個世界上最屬害的人當我的女婿⋯⋯。」

5 兩人一組(A與B),請B以「老鼠女兒」的身分對A(好朋友)說故事。

6 比較以不同角色身分講述「我的故事」之差別;也可比較用第一人稱與第三人稱講故事的差別。

◆ 教學小提醒

1 ▶ 建議先做【聲1-6 大家來講古1】,再進行本活動。

2 ▶ 選擇的故事盡量有二或三個以上的主角。

4 ▶ 可自行設定B的角色,如鄰居、老婆等。
▶ 鼓勵A說故事時,不要模仿之前的示範,盡量用自己的話語來講述。

5 ▶ 可用不同的態度來說故事,如用抱怨/不滿意、分享喜悅或後悔的語氣說故事。

6 ▶ 藉以體會角色的遭遇—同理心的建立。

◆ 教學延伸

參考活動【聲3-6 大家來講古3】。

聲2-7 閒言閒語

教學目標	1. 練習和他人針對單一主題進行即興對話。 2. 練習以不同的觀點來敘述主題。 3. 加入想像，深入描述主題內容。
教學準備	鈴鼓。

移動
全體同時

◆ **教學流程**

1 老師選擇一個全班同學都熟悉的故事或是正在討論的事件，簡單將故事或事件說明一次。

2 老師解釋並示範如何以「閒言閒語」的方式，深入討論外人是如何看待這個事件及其中的角色。以下以《老鼠娶新娘》的故事為例。

「還記得《老鼠娶新娘》故事中，大黑貓一把拆了正在進行拋繡球的臺子，為什麼大黑貓要這麼做呢？」

「這隻黑貓他是一隻什麼樣的黑貓呢？」

「可能是因為他想要吃掉老鼠們。」

「可能是大黑貓和老鼠村長有著深仇大恨。」

「可能是因為大黑貓也想要來接繡球。」

3 全班隨著控制器（鈴鼓）在教室中走與停，停的時候請開始與周遭同學討論這個事件及其中的角色。

「記得剛剛我們討論大黑貓暴力拆臺的原因嗎？」

「當老師搖鈴鼓時，請在這個空間中走路。」

「當老師拍二下鈴鼓時，請在原地定格，並化身成老鼠村的村民，與其他村民一起說說大黑貓為什麼要這麼做？」

「也可以和其他村民分享你知道的黑貓，是一隻什麼樣個性的貓。」

「這些想法可以天馬行空，不用怕，儘管說出來！」

「要記得你聽到哪些原因，活動結束後來討論。」

◆ **教學小提醒**

1 ▶ 事件來源可參考繪本、新聞事件。

4 在第一輪結束後，請大家分享與討論剛剛自己說
 的及聽到的內容。並提醒在第二輪的活動中，若
 聽到覺得很有道理的說法，或是想要補充、反駁
 其他人的說法，也可以在遇到下一個人時，加油
 添醋的重述一遍。

5 全班分享與討論剛剛自己說的及聽到的內容，以
 及自身於活動中的感受。

高 D 語

聲3-4 視情況而"說"

教學目標	1.運用物件創造不同的對話情境。 2.在同一情境中，練習不同的情緒和語氣的表達。
教學準備	鈴鼓、椅子、布、桌子等教室中隨手可得的物件。

定點
小組同時

◆ **教學流程** ————————————————————◆ **教學小提醒** ——————

1 全體圍成圈坐下。

2 在圈中放置一樣物品（如椅子），引導討論椅子所在的情境。

　T：這是一張椅子，它可能是什麼地方的椅子？

　S：是看牙醫的診療椅。

　S：是電影院的椅子。

　S：是公園裡的垃圾桶。

　S：是我的背包。

3 共同決定椅子的一種情境，如牙醫診所診療椅。

4 邀請兩位自願者上台，扮演角色創造簡單情境。如：病人張大嘴巴躺在椅子上看醫生。

5 提供一句話（如「怎麼會有這種事」），請醫生依據情境說出具情緒的一句話。如：醫生看著病人的牙，驚訝地說：「怎麼會有這種事」。　　**5▶** 可挑選其他句子進行。

　　▶ 情緒如興奮、悲傷、懷疑、憤怒等。

6 邀請第三位自願者上台，依據前兩人的情境（看牙醫），自行設定角色後，進入情境，說出另一情緒的同一句話。如：護士走近看病人的牙，嫌惡地說：「怎麼會有這種事」。

7 再邀請第四位自願者扮演家長，說出不同於前面情緒的同一句話。如：家長看到小孩的牙，生氣地說：「怎麼會有這種事」。

8 四人一組，每組重複進行步驟3至7。

9 分享情境、角色與情緒之間的關連性。　　**9▶** 適時引導思考為什麼護士或家長會說這句話。

10 如果時間允許，可以重複步驟3至7，進行其他情境（如電影院、公園等）。

聲3-5 物品故事3

教學目標	1. 透過物品練習以第一人稱的方式敘說故事。 2. 運用語言溝通彼此想法。
教學準備	鈴鼓、自己從家裡帶來的物品或玩具。

**定點
小組同時**

◆ **教學流程**

1 全班分成四組,每組圍成圈。
2 小組在圈內輪流分享自己的物品故事,並在討論後,從中挑選出一個令大家印象深刻的物品或玩具。
3 請小組針對選出的物品,從主人開始,以第一人稱的方式敘說故事,其他成員依逆時鐘的順序,運用「故事接龍」的方式,輪流敘說並延伸故事的片段,最後輪回物品的主人,把故事做一個結束。

「說故事的時候,要用我來說故事喔!」

「如果你說不下去了,請下一個人接著說。」

「注意,當你在說故事的時候,一定要聽清楚前一個人說什麼,這樣故事才不會怪怪的。」

4 小組利用十分鐘做討論與練習,即興演出剛剛接龍完成的故事。
5 輪流分享各組的物品故事,其它組則當觀眾。
6 引導討論故事的情節如何加深加廣,該如何發展具高潮的故事。

◆ **教學小提醒**

2▶ 可參考活動【聲1-5 物品故事1】或【聲2-5 物品故事2】。

3▶ 若第一人稱難度過高,建議可先從第三人稱來敘說故事後,再嘗試第一人稱。

聲3-6 大家來講古3

教學目標	練習以不同角色的觀點敘述故事。
教學準備	鈴鼓。

定點 小組同時

◆ **教學流程**

1 選擇一個班上皆熟悉的故事，如老鼠娶新娘。簡單地將故事大綱複習一次。
2 老師解釋並示範如何以「我的故事」方式敘說故事。
3 全班分成四組，並圍成圈坐下。
4 說明小組成員皆必須以「老鼠爸爸」的身分，用第一人稱對同組的人敘述「爸爸嫁女兒」的故事，從第一位開始敘述，透過故事接龍的方式，直到最後一位完成故事為止。
5 當第一圈故事結束時，更換角色觀點，以「老鼠女兒」的身分，重複步驟4，接龍講述「老鼠女兒」自己的故事。
　「爸爸說完故事，要換女兒來說自己的故事了。」
　「不要忘記了，你現在是女兒，你嫁人的情形及情緒，可以說出來。」
　「或許爸爸不知道，現在你可以趁這個時候說出你的感覺。」
6 當第二圈故事結束時，再更換角色觀點，以「老鼠村民」的身分，重複步驟4，逐一講述「老鼠娶新娘」的故事。
7 分組輪流分享不同角色所創造的故事情節。
8 比較以不同角色講述故事的差異，也可比較用第一人稱與第三人稱講故事的差別。

◆ **教學小提醒**

1 ▶ 參考活動【聲1-6 大家來講古1】。
2 ▶ 參考活動【聲2-6 大家來講古2】。
4 ▶ 可指定各小組開始故事的人。
　▶ 可自行決定要對誰說故事，如朋友、親戚或鄰居等，對象不同，說故事的態度或語氣也會有所差異。

6 ▶ 老鼠村民的觀點似說八卦或以第三人稱來說故事。

8 ▶ 可配合語文活動，將「新老鼠娶親」的故事書寫下來。

◆ **教學延伸**

可請幾位自願者講故事，或邀請小組輪流上台呈現故事。

教學目標	1.運用語言表達個人或角色的想法。 2.練習說話時的情緒表達和轉換方式。 3.透過語言及動作表達想法、感覺及角色。
教學準備	鈴鼓。

定點
雙人同時

◆ **教學流程**

1 老師選擇一個全班同學都熟悉的故事或是正在討論的事件,簡單將故事或事件說明一次。

2 教師解釋並示範如何以「說服」的方式,來達到事件中其中一方的目的。以下以《老鼠娶新娘》的故事為例。

「還記得《老鼠娶新娘》故事中,大黑貓一把拆了正在進行拋繡球的臺子,這隻大黑貓應該是想要吃掉這群老鼠。但你們覺得老鼠村長能用什麼樣的理由說服大黑貓不要吃他呢?」

「或許在這之前,我們必須先認識大黑貓和老鼠村長,你們覺得大黑貓是一隻什麼樣個性的貓呢?老鼠村長又有著什麼樣的個性呢?」

3 兩人一組,一人當大黑貓,一人當村長,讓村長依照剛剛的討論,說服大黑貓聽從他的想法;而大黑貓有權決定最後是否要聽從村長的想法。

「現在全班兩人一組,一人當大黑貓,一人當老鼠村長。」

「老鼠村長的第一句話是『求求你,不要吃掉我,因為……』,接著就開始你們的對話。」

「大黑貓可以決定要不要吃掉老鼠村長。」

4 教師拍二下鈴鼓,同學開始分組對話,約莫1分鐘後,教師拍二下鈴鼓,請大黑貓做出選擇。

5 分享與討論剛剛自己說的及聽到的內容,以及最終做決定的原因。

◆ **教學小提醒**

1 ▶ 事件來源可參考繪本、新聞事件。

3 ▶ 提醒注意擔任不同角色時的說話情緒與表達方式

國家圖書館出版品預行編目(CIP)資料

兒童戲劇教育 ： 肢體與聲音口語的
創意表現/林玫君著. -- 二版. --
臺南市 ： 林玫君，民111.11
面 ； 公分
ISBN 978-626-01-0681-2(平裝)
1.CST: 藝術教育 2.CST: 表演藝術
3.CST: 教學活動設計 4.CST: 小學
教學

523.37   111017534

書　　　名：兒童戲劇教育—肢體與聲音口語的創意表現（第二版）

作　　　者：林玫君（臺南大學戲劇創作與應用學系）

出 版 者：林玫君

文字編輯：李宜樺、林君如

美術設計：黃品森視覺設計工作室

出版地址：台南市中西區樹林街二段33號

電　　　話：06-2600419

出版日期：111年11月二版發行

定　　　價：新台幣380元

代理經銷：白象文化事業有限公司

經 銷 部：401台中市東區和平街228巷44號

電　　　話：04-22208589

傳　　　真：04-22208505

ISBN 978-626-01-0681-2〈平裝〉